Baby Ernährung
Kleinkinder Ernährung
Kinder Ernährung

Das Premium Buch

Kochen für Babys, Kleinkinder und Kinder

Von der Babykost bis zur ersten Brotbox
Inklusive 160 Rezepte
3 in 1

2 Auflage
Autor: Food Balance

Inhaltsverzeichnis

Einleitung

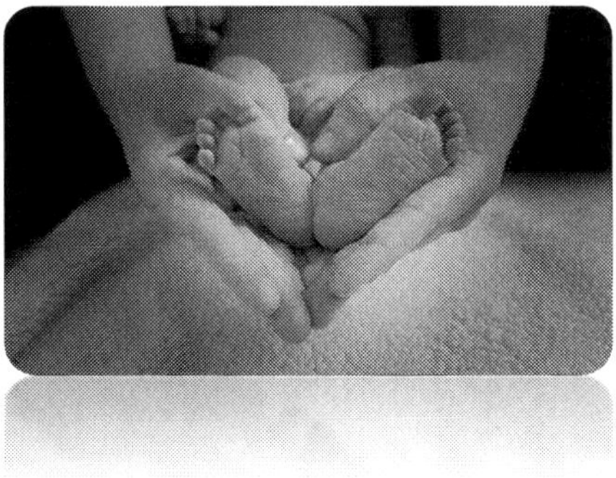

Ich heiße Sie herzlich willkommen in diesem Buch, in dem ich versuchen werde, Sie und Ihre Familie während der ersten Lebensjahre Ihres Kindes mit hilfreichen Ratschlägen zu unterstützen und zu begleiten.

Unsere Kinder sind unser wichtigstes Gut. Wir bringen sie in diese Welt voller Unsicherheiten, voller Gefahren und Risiken. Als Eltern verbringen wir zahlreiche Stunden damit, über die Sicherheit unserer Kinder nachzudenken. Wir möchten, dass sie gesund und glücklich aufwachsen, doch es ist gar nicht so einfach, herauszufinden, welches Grundgerüst die Gesundheit und die optimale Entwicklung unserer Kleinen ausmacht. Eine nicht enden wollende Fülle an Fragen kommt auf und die Antworten prasseln in einer solchen Geschwindigkeit auf uns ein, dass wir am liebsten schützend die Arme über dem Kopf verschränken würden. Wenn es um Kinder geht, dann hat beinahe jeder aus unserem direkten und indirekten sozialen Umfeld plötzlich eine sehr genaue Vorstellung, wie was zu handhaben sei. Interessant ist vor allem, wie gegensätzlich diese Vorstellungen oft sind. Wem sollen wir Glauben schenken, was sind abergläubische Annahmen und was ist medizinisch belegt? Die Antworten unserer Mitmenschen werfen oft noch mehr Fragen auf, sodass wir uns am Ende des Tages verwirrt und unzufrieden wiederfinden.

Es geht mir in meinem Buch stets darum, Ihnen alle wichtigen Informationen zur Verfügung zu stellen, damit Sie anschließend Entscheidungen treffen können, die auf weitreichendem Wissen fundiert sind. Es geht mir niemals darum, Ihnen etwas vorzuschreiben, denn wie Sie Ihr Kind erziehen, welche Gewohnheiten Sie ihm mit auf seinen Lebensweg geben und auf welche Art und Weise Sie Probleme konfrontieren, das müssen Sie ganz allein für Ihre Familie entscheiden. Es kann durchaus sein, dass Sie sich den richtigen Vorgehensweisen zu Anfang noch nicht bewusst sind und Sie diese erst im Laufe der Zeit erkennen. Vieles werden Sie aus dem Bauch heraus entscheiden und das ist gut so, denn hinter jeder Entscheidung sollten Sie auch mit Ihrem Herzen stehen. Doch ich möchte Ihnen mit meinen Büchern zur Seite stellen und Ihnen unterschiedliche Wege aufzeigen, damit Sie den für Sie richtigen daraus auswählen können.

Unsere Kinder gehören zu den wichtigsten Dingen, die uns in unserem Leben geschenkt werden und es ist unsere Aufgabe, sie zu behüten und optimal auf Ihr Leben vorzubereiten. Die Ernährung stellt eine der wichtigsten Säulen des Grundgerüstes dar, denn sie hat einen großen Einfluss auf die Gesundheit unseres Kindes. In der heutigen Zeit, in welcher wir mit den unterschiedlichsten Informationen und Versprechungen überhäuft werden ist es sehr wichtig, zu lernen, wie sich die Ernährung eines Kindes von der eines Erwachsenen unterscheidet und welchen großen Einfluss wir mit den Gewohnheiten, die wir unserem Kleinen in seinen Kindertagen vermitteln, auf sein späteres Leben haben. Viele gesundheitliche Probleme haben ihren Ursprung in ihrer Ernährung und die Grundsteine einer ausgewogenen Ernährung werden in der Kindheit gesetzt. Wir haben als Eltern das

Leben unserer Kinder nicht unter Kontrolle, mit vielen Herausforderungen hätten wir vielleicht niemals gerechnet. Doch wir haben die Macht, unseren Kindern die richtigen Werkzeuge zu vermitteln und mitzugeben, damit Sie schwierige Situationen später selber aus dem Weg schaffen können.

Wir sind es, die unseren Kindern beibringen, welchen Platz sie auf dieser Welt einnehmen, wie einzigartig und wichtig sie sind. Doch häufig verlieren wir im Alltag den Überblick und wissen nicht mehr, worauf es ankommt, können Probleme nicht mehr als solche identifizieren oder aber wir finden keine Lösungen.

Damit Sie in ihrem arbeitsreichen Alltag trotzdem immer genau wissen, was Sie im Auge behalten müssen, habe ich in diesem Buch alle wichtigen Informationen zusammengetragen.

Ich hoffe sehr, dass Ihnen meine Ratschläge nützlich sind und Ihnen die ausgewogene Ernährung Ihrer Kinder durch meine Hilfe um einiges leichter fällt.

„Zwei Dinge sollen Kinder von ihren Eltern bekommen: Wurzeln und Flügel."

Johann Wolfgang von Goethe, (1749 - 1832)

Die erste Zeit mit dem Baby

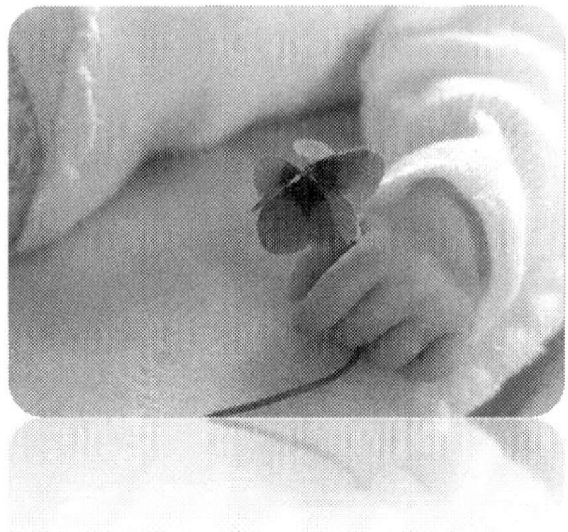

Die ersten Wochen mit dem kleinen Baby haben sowohl ihre Vor- als auch Nachteile! Das kleine Wesen ist endlich auf der Welt, die Geburt haben sowohl Mutter, als auch Kind gut überstanden und die Freude über den Familienzuwachs ist groß! Und doch werden die Glücksgefühle von der Nervosität und der ständigen Angst, einen Fehler zu machen, gedämpft. Diese Sorgen sind ganz normal, denn das Baby ist noch sehr klein und hilflos, es ist auf eine Betreuung rund um die Uhr angewiesen und die frischgebackene Mutter hat sich von den Strapazen der Geburt noch nicht erholen können.

Wichtig ist vor Allem eines: Dass Sie die Ruhe bewahren! Es kann Ihnen passieren, dass Ihr kleines Kind anfängt zu weinen und sich zu winden und Sie die Angst packt. Gehen Sie dann gedanklich einen Schritt zurück und suchen Sie nach der Ursache für das Unwohlsein Ihres Babys. In den ersten Wochen nach der Geburt ist dies oft etwas schwierig. Auch wenn Ihr Kind erst ab einem Alter von 2 Jahren anfängt, Wörter so zu formulieren, dass es seine Gefühle und Beschwerden äußern kann. Bereits wenige Monate nach der Geburt lernen Sie, die unterschiedlichen

Weinlaute Ihres Kindes auseinander zu halten und zu deuten. In den ersten Wochen hat das Baby jedoch noch keine eigene Sprache entwickelt, jedes Weinen erscheint Ihnen gleich und deshalb wird es häufig zu einer wahren Herausforderung, die Ursache zu erkennen. Verzagen Sie jedoch nicht, nehmen Sie sich einen Moment und gehen Sie gedanklich mehrere mögliche Gründe durch. Oft hat das Baby Hunger, die Windel ist nass oder es ist müde. Doch es kann auch sein, dass es etwas in seinen Klamotten zwickt, es von dem Rücken auf den Bauch gedreht werden möchte oder ihm zu warm ist. Probieren Sie alles, was Ihnen einfällt, in Ruhe durch, bis Sie die Ursache gefunden haben. Wichtig ist, dass Sie nicht in Panik verfallen. Ein Schrei oder Weinen bedeutet nicht immer, dass es etwas furchtbar Schlimmes passiert ist. Es ist jedoch die einzige Möglichkeit Ihres Kindes, sich auszudrücken.

Auch für die Mutter sind die ersten Wochen keine leichte Zeit. Die Geburt liegt einige Tage zurück, doch der weibliche Körper benötigt noch Wochen, bis er sich vollkommen von den Strapazen der Schwangerschaft und der Geburt erholt hat. Viele Mütter haben mit dem Frust der Schwangerschaftskilos zu kämpfen und bemerken deutlich, wie sich ihr Körper verändert hat. Mit diesen Veränderungen muss die Seele erst einmal fertig werden. Hinzu kommen mögliche Schmerzen. Nach einem Kaiserschnitt muss die Narbe verheilen und es fällt der Mutter in den ersten Wochen schwer, ihr kleines Baby in den Armen zu halten. Dies kann bei der jungen Mutter zu Unwohlsein führen, denn Sie merkt deutlich, dass sie nicht alleine für ihr Kleines sorgen kann. Auch nach einer normalen Geburt muss sich der Körper erholen. Doch damit nicht genug, denn die Hormone spielen verrückt. Viele Frauen haben in den ersten Wochen nach der Geburt mit Wochenbettdepressionen zu kämpfen und brauchen einige Wochen oder sogar Monate, bis zwischen ihnen und ihrem Kind eine Bindung aufgebaut werden kann.

Und auch für den Vater ist die erste Zeit alles andere als einfach. Viele Männer fühlen sich mit der Rolle als Vater in den ersten Wochen und Monaten überfordert. Die Struktur der Familie verändert sich durch die Geburt eines Kindes und alle Beteiligten müssen erst ihren neuen Platz in diesem Familienbündnis finden.

In diesem Buch möchte ich Ihnen deshalb viele Informationen zur Verfügung stellen, damit Sie gut vorbereitet sind und ich hoffe, dass Sie mit dieser Hilfe Ihren eigenen Weg durch die ersten Lebensjahre mit Ihrem Kind finden können.

Ein bisschen Mama,

ein bisschen Papa

und ganz viel

Wunder!

Muttermilch...oder?

Als Säugetiere, die wir biologisch gesehen nun einmal sind, gehen wir davon aus, dass das Kind in den ersten Lebensmonaten von der Milch der Mutter ernährt wird. Doch wie funktioniert das eigentlich, an was muss gedacht werden, welche Probleme können auftreten und welche Alternativen haben wir als Eltern? Bis vor einigen Jahrzehnten waren Alternativen zur Muttermilch überhaupt nicht gegeben. Selbstverständlich gab es häufig Problemfälle, wenn eine Mutter nicht genug Milch produzierte, im Kindbett starb oder aus anderen Gründen nicht in der Lage war, ihr Baby zu stillen. Doch in einem solchen Fall waren die Möglichkeiten sehr begrenzt. Entweder, es wurde Kuhmilch gegeben, die jedoch starke Bauchschmerzen verursacht und von den Kleinen nicht angemessen verdaut werden kann, oder es wurde auf eine Amme oder eine Bekannte ausgewichen, die selbst vor nicht allzu langer Zeit ein Kind zur Welt gebracht hatte und über ausreichend Muttermilch verfügte. Oft wurde auch versucht, das Kind mit Tee zu ernähren, doch auch wenn der Gedanke der Flüssigkeitsversorgung sicherlich ein sehr guter war, so lieferte der Tee nicht die nötigen Nährstoffe, die ein Kind zum Wachsen benötigt.

Heutzutage sind die Alternativen zur Muttermilch um einiges vielfältiger. Es kommt häufig vor, dass eine Mutter nicht stillen kann oder möchte und trotzdem muss das kleine Baby so ernährt werden, dass es optimal mit Nährstoffen versorgt wird. Das ist gar nicht so einfach, denn die natürlichen Inhaltsstoffe der Muttermilch sind so komplex, dass eine perfekte Nachahmung praktisch unmöglich ist. Besonders das Kolostrum, die sogenannte Vormilch wird in den ersten Tagen nach der Geburt von der Mutter produziert und sollte, wenn irgend möglich, zu dem Kleinen gelangen. Selbst wenn Sie sich dagegen entscheiden, später weiter zu stillen, so wird empfohlen, die Vormilch vorsichtig auszustreichen und dem kleinen Baby mit einer Pipette zu geben. Das Kolostrum ist reich an weißen Blutkörpern, Eiweiß und Antikörpern und unterstützt das Immunsystem Ihres Kindes enorm! Sie hilft dabei, dass Kindspech auszuscheiden und so die Wahrscheinlichkeit einer Gelbsuchterkrankung zu verringern.

Wenn Sie sich bewusst gegen das Stillen entscheiden, sei dies aus gesundheitlichen oder organisatorischen Gründen, dann haben Sie vor der Geburt Ihres Babys etwas Zeit, um sich mit den verschiedenen Marken bekannt zu machen. Schauen Sie zunächst einmal, mit welcher Marke und welchem Produkt Sie sich anfreunden können. Jedes Unternehmen hat seine eigene Philosophie und verkörpert unterschiedliche Werte. Behalten Sie jedoch im Hinterkopf, sobald Ihr Baby auf der Welt ist, wird es Ihnen womöglich die Entscheidung abnehmen. Es kann sein, dass Sie sich lange mit dem Thema beschäftigt haben, sich verschiedene Flaschen, Sauger, Schnuller und Milchmarken angesehen haben, bevor Sie sich für bestimmte Produkte entschieden haben. Und dann kommt Ihr Kind auf die Welt, verträgt die Milch nicht, mag den Sauger nicht und schon zweifeln Sie an Ihrem Urteilsvermögen und müssen alle Pläne wieder über Bord werfen. Schauen Sie sich deshalb unterschiedliches an, behalten Sie jedoch gleichzeitig Alternativen im Hinterkopf.

Wenn Sie sich anfangs fürs Stillen entscheiden, so kann es ebenfalls sein, dass viele Schwierigkeiten auf Sie zukommen. Stillen ist zwar biologisch vorgesehen, es ist jedoch kein angeborener Instinkt. Das richtige Stillen müssen Mütter erst lernen. Dies funktioniert am besten, wenn das Kleine schon da ist, denn erst dann werden den Müttern die Schwierigkeiten bewusst.

Darüber hinaus sind diese von Kind zu Kind unterschiedlich.

Wichtig ist, und das kann ich auch an dieser Stelle nur ein weiteres Mal hervorheben, dass Sie sich nicht verurteilen lassen für die Entscheidungen, die Sie treffen. Es wird immer Frauen oder Mütter in Ihrer Umgebung geben, die meinen, Ihnen vorschreiben zu müssen, wie Sie Ihr Kind zu ernähren haben. Menschen, die verurteilen, wenn eine Mutter sich gegen das Stillen entscheidet. Frauen, die zu wissen meinen, wie Sie Ihr Kind stillen müssen, in welchen Zeitabständen und für wie lange.

Ich kann Sie nur erneut dazu ermutigen, Ihren eigenen Weg zu finden. Machen Sie sich frei von Vorurteilen, hören Sie auf Ihren eigenen Körper, Ihre Seele und die Reaktion Ihres Kindes. Sie können die Kommentare oder Ratschläge zwar entgegennehmen und es kann durchaus sein, dass sich manche Dinge als sehr wertvoll erweisen, doch lassen Sie sich nicht verunsichern. Sie werden Ihren Weg finden und das Beste für sich und Ihr Kind machen, da bin ich mir ganz sicher und auch Sie können das sein.

Machen Sie sich keine Vorwürfe, wenn etwas Mal nicht so klappt, wie Sie sich das vorgestellt hatten. Ihr Baby wird Sie vor immer neue Herausforderungen stellen und oft werden Sie das Gefühl haben, zu versagen oder etwas nicht richtig zu machen. Doch so geht es allen Eltern auf dieser Welt, Sie sind mit dieser Sorge nicht allein und auch Sie werden Lösungen finden!

So klappt das Stillen

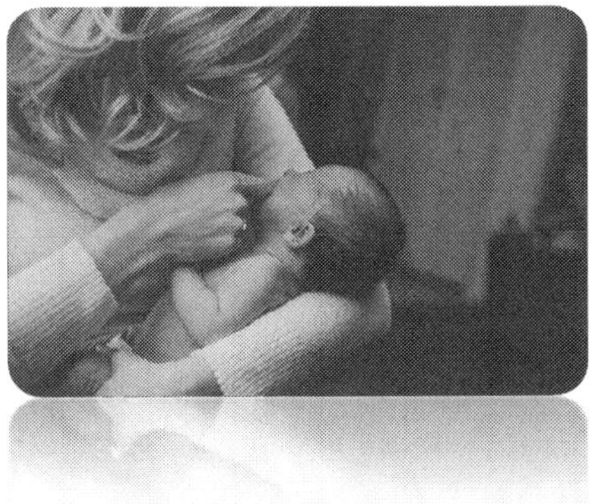

Stillen erscheint uns zunächst einmal als ganz natürlicher Prozess. Umso überraschender ist es, wie viel doch schief gehen kann. Für die Geburt machen die meisten Frauen einen Vorbereitungskurs und doch geschieht dieser Vorgang in Begleitung mehrerer Hebammen und Ärzte. Die Geburt an sich ist jedoch ein Prozess, der im Instinkt einer Frau stark verankert ist. Der Körper reagiert auf die Wehen und gibt das Zeichen, wann die Presswehen einsetzen. Das Stillen an sich ist ebenfalls in den Instinkten einer Frau verankert, doch die verschiedenen Techniken und Kniffe müssen erst erlernt werden. In diesem Kapitel werde ich versuchen, Ihnen alles Wissenswerte rund ums Stillen näherzubringen, damit Sie wissen, worauf Sie achten müssen und welche Probleme sich Ihnen in den Weg stellen können.

Zum Stillen benötigen Sie eigentlich nicht viel, anders als beim Fläschchen geben sind Sie nicht auf erhitztes Wasser, Milchpulver, Fläschchen und weiteres angewiesen. Dennoch gibt es einige Produkte, die Ihnen und Ihrem Kind das Stillen erleichtern.

Stillausrüstung

Spucktücher: Egal ob Sie die Flasche geben oder Stillen, Sie werden immer ausreichend Tücher in Ihrer Nähe haben müssen! Es sollten weiche Tücher sein, die die zarte Haut des Babys nicht wundscheuern. Darüber hinaus sollten sie ein gutes Saugvermögen haben. Beim Bäuerchen machen oder auch sonst im normalen Alltag kann es häufig passieren, dass Ihr Kind etwas Milch wieder ausspuckt. Dann sind diese Tücher sehr nützlich. Wichtig ist, dass Sie sich heiß waschen lassen, damit Sie die Tücher nach dem Gebrauch desinfizieren können. Bei diesen Tüchern kann ich Ihnen nur raten: Umso mehr, desto besser! Sie können gar nichts falsch machen und die Anschaffung lohnt sich, denn sie lassen sich auch später noch benutzen, wenn Ihr Kind schon feste Nahrung zu sich nimmt.

Still-BHs: Die Brust und die Brustwarze sind während der ersten Wochen und Monate besonders sensibel. Still-BHs helfen mit weichem Stoff und breiten Trägern dabei, die Brust schonend in einer angemessenen Position zu halten. Diese Form von BH hat keinen Bügel, der in die Brust drücken könnte. Ein Teil des BHs lässt sich so öffnen, dass das Baby gestillt werden kann, ohne dass der gesamte BH verrutscht oder ausgezogen werden muss.

Stilleinlagen: Diese sind im Supermarkt sowohl für den einmaligen Gebrauch, als auch zum Waschen und wiederverwenden erhältlich. Sie schützen die empfindlichen Brustwarzen und sorgen dafür, dass überschüssige Milch zwischen den Stillmahlzeiten aufgefangen wird und nicht das T-Shirt oder den Pullover durchtränkt.

Brustschalen: Sie sind aus Silikon und bestehen aus einem Aufsatz für die Brustwarze und einem Auffangbehälter. Sie eignen sich perfekt, um die überschüssige Milch aus der einen Brust aufzufangen, während das Baby an der anderen Brust gestillt wird. Auch zwischen den Stillzeiten wird Milch aufgefangen, sodass sie nicht ausläuft. Die Auffangbehälter gibt es geschlossen und mit kleinen Löchern. Die Luft gelangt an die Brust, sodass kein feuchtes Milieu entsteht. Sie eignen sich außerdem optimal, wenn die Brustwarzen etwas verwundet sind und mit Creme eingerieben werden müssen. Die kleinen Hütchen verhindern, dass die Creme wieder abgerieben wird.

Stillhütchen: Sie dienen als Schutz für die Brustwarzen, wenn diese verwundet sind. Besonders hilfreich sind sie außerdem, wenn das Baby schon etwas größer ist und bereits einen oder zwei Zähne hat. Sie gehören nicht zur Grundausstattung, viele Frauen haben keine allzu schlimmen Probleme mit den Brustwarzen. Sie müssen Sie deshalb zu Anfang nicht unbedingt kaufen, können dies jedoch jederzeit nachholen, wenn es notwendig ist.

Milchpumpe: Die Milchpumpe bietet sich besonders dann an, wenn Sie für längere Zeit von Ihrem Kind getrennt sind und deshalb nicht stillen können, oder wenn Sie sehr viel Milch produzieren. Sie sind praktisch und es gibt sie in den unterschiedlichsten Varianten. Die Grundausstattung mit einer Handpumpe ist nicht besonders kostspielig, doch es gibt auch elektrische Pumpen, deren Anschaffungskosten durchaus bedacht werden müssen. Auch hier gilt, in den Anfangswochen ist die Milchpumpe in den meisten Fällen nicht notwendig und Sie haben ausreichend Zeit, um sich mit den unterschiedlichen Modellen bekannt zu machen und zu schauen, welche Pumpe die Richtige für Sie ist. Sie sollten jedoch zwei Dinge bedenken: Erstens ist die richtige Handhabung der Pumpe etwas kniffelig und die Brust reagiert in manchen Fällen am Anfang mit Schmerzen. Zweitens müssen Sie die abgepumpte Milch Ihrem Baby später mit dem Fläschchen geben. Manche Mütter entscheiden sich dazu, ihrem Kind kein Fläschchen zu geben, wenn sie stillen.

Stillkissen: Viele werdende Mütter besorgen sich schon während der Schwangerschaft ein besonderes Kissen, welches sich an die Form des Bauches anpasst und die schlaflosen Nächte etwas erträglicher macht. Diese Kissen lassen sich später zu Stillkissen umfunktionieren. Es gibt auch Kissen, die eigens zum Stillen entworfen wurden. Das Kind kann dann so abgelegt werden, dass die Mutter es nicht im Arm halten muss.

Großes Stilltuch: Dieses Tuch sollte aus leichtem, blickdichtem Stoff sein. Wenn Sie Ihr Kind stillen dann wird es häufig passieren, dass Sie sich zu den Stillzeiten in der Öffentlichkeit befinden. Mit einem Tuch können Sie Ihre freie Brust und Ihr Baby vor neugierigen Blicken schützen. Wichtig ist, dass das Tuch aus leichtem Stoff ist, damit Ihr Kind darunter atmen kann und nicht anfängt zu schwitzen.

Cremes: Die Brustwarzen sind an den gierig saugenden kleinen Mund Ihres Kindes nicht gewöhnt. In den ersten Wochen reagieren sie sehr empfindlich und bluten in vielen Fällen. Dann ist es wichtig, die Brustwarzen beim Heilungsprozess zu unterstützen und nicht austrocknen zu lassen. Sie müssen darauf achten, dass sich die Cremes für die Brustwarzen eignen und hierbei im Hinterkopf behalten, dass die Brustwarze und somit auch die Creme, in direkten Kontakt mit Ihrem Kind kommt.

Kleidung: Ihr Bauchumfang verringert sich mit den Wochen wieder, sodass Sie schon bald wieder in ihre normalen Hosen passen. Doch mit dem Stillen kommt die Notwendigkeit, zu jeder Stunde des Tages problemlos an die Brust zu gelangen. Es gibt eigens für diesen Zweck entworfene Kleidung, Oberteile, die sich öffnen lassen, sodass Sie Ihr Kind noch einfacher stillen können. Sie müssen jedoch nicht extra Kleidung zum Stillen kaufen. Auch elastische Oberteile lassen sich problemlos verwenden. Ich selbst habe gute Erfahrungen mit Tops und Oberteilen mit elastischem Kragen gemacht. Das Top können Sie hochziehen und wenn Sie ein dünnes Jäckchen tragen, ist an den Seiten nichts zu sehen. Da ihr Kind vor Ihnen liegt, verdeckt es Ihren Bauch.

Stillpositionen: Die wohl bekannteste Haltung ist die Wiegehaltung. Sie sitzen aufrecht und legen Ihr Kind auf den Schoß. Kissen in Ihrem Rücken stellen sicher, dass Sie aufrecht sitzen und ein Kissen unter Ihrem Kind bringt dieses auf die richtige Höhe. Der Kopf des Kindes wird in die Armbeuge gebettet. Die Wiegehaltung ist sowohl für kleine, als auch für größere Babys geeignet. Sie können mit der freien Hand die Position der Brust optimieren. Wichtig ist, dass Sie sich in einer aufrechten Haltung befinden, damit Sie keine Rückenschmerzen bekommen und der Milchfluss nicht gestört wird. Diese Haltung kann bei Müttern mit Kaiserschnitt zu Schmerzen führen, da das Kind gegen die Kaiserschnittnarbe drückt.

Bei der Seitenlage liegen Sie und Ihr Kind auf der Seite sehr nah aneinander. Die Gesichter sind einander zugewandt und Sie können den Kopf Ihres Babys mit Ihrem Arm unterstützen. Wichtig ist, dass Sie sehr nah beieinander liegen, sodass Ihr Baby die Brustwarze gut ansaugen kann. Es ist jedoch etwas schwerer als bei der Wiegehaltung, die Brust mit der freien Hand zu unterstützen. Ein paar Kissen zwischen den Beinen können die Position für Sie noch angenehmer machen. Besonders, wenn Sie einen Kaiserschnitt oder einen Dammriss hatten ist diese Position sehr angenehm, da das Baby nicht gegen die Narbe drückt. Auch in der Nacht bietet sich diese Stillposition an. Passen Sie jedoch auf, dass Sie beim Stillen nicht einschlafen, Sie könnten Ihr Baby sonst versehentlich verletzen!

Beim Rückengriff legen Sie Ihr Kind seitlich an. Sie sitzen aufrecht, wie bei der Wiegehaltung. Ihr Baby liegt jedoch nicht vor Ihnen, sondern Sie klemmen es unter Ihren Arm (selbstverständlich vorsichtig!). Die Füße Ihres Kindes zeigen zu Ihrem Rücken. Diese Position eignet sich dann sehr gut, wenn Sie einen Kaiserschnitt hatten, denn das Baby drückt nicht gegen die Narbe. Darüber hinaus können Sie den Kopf Ihres Kindes sehr gut unterstützen und bewegen. Bei Müttern mit großen Brüsten und flachen Brustwarzen ist dies ein wahrer Segen.

In der Hoppe Reiter Position sitzen Sie im Schneidersitz oder haben ein Bein gerade ausgestreckt und das andere angewinkelt. Ihr Kind sitzt vor Ihnen auf Ihrem Schoß, umfasst Ihre Brust und kann sehr gut saugen. Wichtig ist, dass das Kind bereits mit Unterstützung sitzen kann. Es muss nicht frei sitzen können, doch für sehr kleine Babys ist diese Position nicht geeignet.

Stillzeiten: In den ersten Wochen nach der Geburt ist der Magen des Kindes noch sehr klein. Er hat nach zwei Wochen gerade einmal das Fassungsvermögen eines Teebeutels. Aus diesem Grund trinken Neugeborene noch sehr häufig. In den ersten Tagen und Wochen können Sie sich merken, dass Ihr Kind mindestens alle zwei bis drei Stunden gestillt werden sollte. Den genauen Rhythmus wird jedoch Ihr Kleines vorgeben. Machen Sie sich keine Sorgen, wenn Ihr Baby in den ersten Wochen lange braucht, ehe es satt ist. In vielen Fällen schießt die Milch nicht sofort ein, sondern es braucht mehrere Tage, ehe die Milchproduktion auf Hochtouren läuft. Es kann deshalb keine genaue Aussage darüber getroffen werden, wie lang jede Stilleinheit dauern sollte. Wichtig ist jedoch, dass Sie Ihr Kind lange genug an der Brust lassen. Erst nach etwa 10 bis 15 Minuten wird die fettreiche Milch produziert, die die wahre Nahrung für Ihr Kleines darstellt und es mit den notwendigen Nährstoffen versorgt. Sie müssen nicht bei jeder Mahlzeit beide Brüste anbieten, sollten jedoch insgesamt darauf achten, dass Sie beide Brüste regelmäßig verwenden. Es ist normal, dass das Stillen an der einen Brust einfacher von der Hand geht, als bei der anderen. Es ist jedoch wichtig, dass Ihr Kind aus beiden Brüsten trinkt, da es sonst zu Milchstau und Entzündungen kommen kann, die äußerst schmerzhaft sind.

Der Abstand zwischen den einzelnen Stillmahlzeiten wird sich nach einigen Wochen immer mehr einpendeln. Bis vor einigen Jahren bestand der Irrglaube, zwischen den einzelnen Mahlzeiten müssten mindestens vier Stunden liegen, da es sonst zu Verdauungsbeschwerden käme, wenn sich die alte Milch im Verdauungstrakt mit der neuen Milch mische. Diese Annahme wurde jedoch widerlegt, denn die Experimente wurden mit schwer verdaulichen Milchpräparaten durchgeführt, die in jedem Fall zu Verdauungsbeschwerden führten.

Sobald Ihr Kind einige Wochen oder Monate alt ist kann es Ihnen als Mutter jedoch sehr helfen, feste Stillzeiten einzuführen. Es kann selbstverständlich immer zu Abweichungen kommen, doch ein fester Rhythmus erleichtert den Alltag für Sie als Mutter und gibt Ihren wunden Brustwarzen die Möglichkeit, zur Ruhe zu kommen und zu heilen. Achten Sie immer darauf, dass Ihr Baby an der Brust auch wirklich trinkt. Besonders in den ersten Tagen neigen die kleinen dazu, Sie als Schnuller zu benutzen und in der Geborgenheit des mütterlichen Arms einzuschlafen.

Ihre Ernährung als Mutter: Es ist nicht wissenschaftlich bewiesen, dass bestimmte Lebensmittel die Milchproduktion anregen. Sie sollten jedoch darauf achten, dass Sie sich ausgewogen ernähren. Nahrungsmittel, die schwer im Magen liegen oder beispielsweise Blähungen verursachen, eignen sich weniger gut. Darüber hinaus sollten Sie in der Stillzeit selbstverständlich auf alkoholische Getränke verzichten und auch Koffein ist nur in sehr geringen Mengen erlaubt. Sie dürfen sich Ihre wohlverdiente morgendliche Tasse Kaffee gönnen, doch während des Tages sollten Sie dann keine anderen koffeinhaltigen Getränke mehr trinken.

Vitamine, Mineralstoffe und Nährstoffe sind überaus wichtig, denn sie gelangen über Ihren Blutkreislauf in die Muttermilch. Achten Sie deshalb auf eine ausgewogene Ernährung, denn Sie müssen sowohl sich selbst, als auch Ihr Kind mit den lebensnotwendigen Nährstoffen versorgen. Seien Sie sich bewusst, dass Sie mit Ihrer Muttermilch den Grundstein für die spätere Gesundheit und Entwicklung Ihres Kindes legen.

<u>Häufige Probleme beim Stillen:</u>
Rückenschmerzen und Verspannungen: Oft fällt es der Mutter nicht sofort auf, dass Sie während des Stillens in eine ungesunde Position fällt. Das kann auch Ihnen passieren und es kann sein, dass Sie die Beschwerden nicht sofort mit dem Stillen in Verbindung bringen. Achten Sie darauf, dass Sie aufrecht sitzen und sich auch im Laufe des Stillens nicht nach vorne beugen. Massagen und Warme Verbände können helfen. Sie sollten auch die Stillposition wechseln. Es kann helfen, wenn Sie unterschiedliche Haltungen ausprobieren, damit die Muskeln Entspannung finden.

<u>Milchstau:</u> Milchstau wird häufig von Stress verursacht. Wichtig ist in einem solchen Fall deshalb, dass Sie versuchen, sich zu entspannen. Nehmen Sie sich vor dem Stillen etwas Zeit, kuscheln Sie mit Ihrem Kind und versuchen Sie, psychisch einen Gang runterzuschalten. Warme Umschläge können ebenfalls helfen, die harten Stellen in der Brust zu entspannen und die Milch wieder zum Laufen zu bringen. Hält der Milchstau an, so sollten Sie sich jedoch an Ihre Hebamme oder Ärztin wenden, denn ein Milchstau kann schmerhafte Entzündungen hervorrufen.

<u>Entzündete Brustwarzen:</u> Die Brustwarzen sind besonders in den ersten Wochen sehr schmerzempfindlich und entzünden sich häufig. Nach einigen Monaten kommen dann die Zähne Ihres Babys, die die Brustwarzen vor erneute Entzündungen stellen. Wichtig ist vor allem die Hygiene, waschen Sie sich vor dem Berühren der Brust gründlich die Hände. In der Apotheke ist Salbe erhältlich, die die Heilung der Brustwarzen unterstützt und dabei keine Gefahr für Ihr Kind darstellt. Brustschalen können dabei helfen, dass die aufgetragene Creme nicht wieder abgerieben wird. Darüber hinaus kann es passieren, dass sich die Milch mit dem aus der Brustwarze austretenden Blut vermischt. Diese Milch sollte Ihr Baby jedoch nicht trinken. Es kann helfen, einige Zeit Milch abzupumpen. Das schont die Brustwarzen und Sie können besser überprüfen, dass sich kein Blut in der Milch befindet.

Die Milch läuft ständig aus: Salbeitee und kalte Umschläge können dabei helfen, die Milchproduktion etwas zu verringern. Sie müssen jedoch aufpassen, dass es nicht zu einem Milchstau kommt. Mit den Brustschalen können Sie überschüssige Milch auffangen und verwenden, wenn diese nicht verschmutzt wurde.

Hallo Welt! Ich bin da.
Hallo Welt! Alles klar?

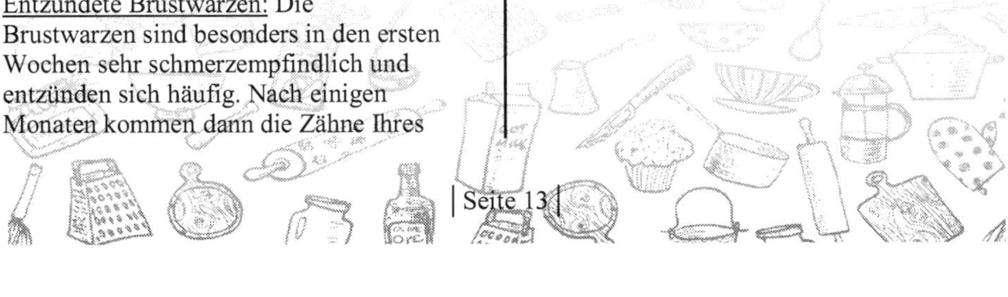

So klappt das Fläschchen geben

Manche Mütter entscheiden sich bewusst und frei gegen das Stillen, andere hingegen werden aus gesundheitlichen Gründen dazu gezwungen, ihr Baby mit der Flasche großzuziehen. Die Muttermilch ist das Gesündeste für ein heranwachsendes kleines Menschenkind, denn sie bringt von Natur aus alle notwendigen Nährstoffe in den richtigen Mengen mit. Doch sollten Sie sich nicht schlecht fühlen, wenn Sie Ihr Baby nicht stillen können! Die Gesellschaft neigt dazu, Frauen zu verurteilen, die Ihr Kind mit der Flasche füttern und doch ist es die gleiche Gesellschaft, die Frauen komisch ansieht, wenn sie ihr Kind in der Öffentlichkeit stillen. Lassen Sie die Kommentare anderer deshalb einfach an sich vorüberziehen und nehmen Sie sich die Vorwürfe nicht zu Herzen. Es ist ganz alleine Ihnen überlassen, wie Sie Ihr Kind ernähren, solange dieses gut gedeiht und die nötige Nahrung bekommt. Selbst wenn Sie aus freien Stücken heraus die Entscheidung treffen, nicht zu stillen, obwohl keine gesundheitlichen Probleme vorliegen, die das Stillen unmöglich machen. Das Fläschchen geben hat sogar einige Vorteile, die ich in diesem Kapitel noch weiter ausführen werde. Wie im letzten Kapitel festgestellt, werden zum Stillen einige Produkte benötigt, da es sich um einen so natürlichen Prozess handelt sind diese jedoch recht überschaubar. Damit Sie Ihrem Kind das Fläschchen richtig vorbereiten können, sind ebenfalls einige Dinge von Nöten. Mein Tipp: Kaufen Sie zu Anfang nur wenige Produkte, Ihr Sortiment wird sich mit der Zeit ausweiten und Sie müssen die Vorlieben Ihres Kindes erst einmal kennenlernen.

Ausstattung

Fläschchen: Diese sind sowohl aus Plastik, als auch aus Glas erhältlich, die Größen variieren ebenfalls. Glas ist hygienischer, kann jedoch schneller kaputt gehen. Am besten beginnen Sie mit einer Flasche aus Glas und einer aus Plastik, mit der Zeit werden Sie feststellen, welches Material Sie bevorzugen. Bei einer Plastikflasche müssen Sie sehr auf die Materialien und die Hochwertigkeit achten. Eine Glasflasche ist hingegen schwerer und liegt oft nicht ganz so gut in der Hand.

Sauger: Auch die Sauger sind in verschiedenen Materialien erhältlich. Einige bevorzugen Sauger aus Latex, da sie elastischer sind und stärker nachgeben. Sie gehen jedoch schneller kaputt, weshalb andere zu den Saugern aus Plastik greifen. Sie können hier verschiedene Sauger kaufen und dann schauen, welches Material Ihr Baby besser annimmt. Es gibt mittlerweile besonders ergonomische Sauger, die der Form der Brustwarze sehr ähneln. Die Sauger sollten alle fünf Wochen durch neue ausgetauscht werden. Dies hat mehrere Gründe: Zum einen muss die Hygiene der Sauger überwacht werden. Zum anderen gibt es verschiedene Sauger für die unterschiedlichen Altersstufen. Sauger mit sehr kleinen Löchern sind für die ersten Wochen besonders geeignet, denn sie verhindern, dass das Baby zu viel Milch schluckt.

Thermoskanne: Eine Thermoskanne bietet sich besonders dann an, wenn Sie unterwegs sind und kein frisches, heißes Wasser zubereiten können. Nehmen Sie in einer Flasche heißes Wasser mit und in einer anderen kaltes, so können Sie problemlos Wasser in der richtigen Temperatur mischen. Die Thermoskanne sollte ausschließlich für das Wasser Ihres Babys verwendet werden. Der Geschmack von Kaffee oder Tee gefällt Ihrem Kind ganz und gar nicht.

Milchpulver: Es gibt unterschiedliche Pulver. Die sogenannte Pre-Milch wird von verschiedenen Firmen angeboten. Es handelt sich um das Pulver, was besonders für den Magen eines Neugeborenen geeignet ist. Leidet ein Kleines an Allergien, so gibt es eigens hierfür entwickelte HA-Pre-Milch. Es kann sein, dass Sie ein wenig herumprobieren müssen, ehe Sie die optimale Milch für Ihr Kind finden. Besprechen Sie mit Ihrer Hebamme oder Ihrem Kinderarzt, ob die Milch Ihrem Kind guttut. Das Milchpulver "B" oder "Typ 1" ist etwas dickflüssiger, da sie mit Stärke vermischt ist. Sie sättigt länger, ist jedoch nicht ganz so leicht zu verdauen und kann den Kleinen deshalb Schwierigkeiten bereiten.

Sterilisiergerät: Die Fläschchen, Sauger und auch Schnuller müssen besonders in den ersten Wochen nach jeder Mahlzeit sterilisiert werden, da der Organismus des Babys noch nicht gegen Bakterien gewappnet ist. Hierzu können Sie die Utensilien in einem Topf mit kochendem Wasser abkochen. Es gibt jedoch auch Sterilisiergeräte, welche die Flaschen und Sauger mit Hilfe von Wasserdampf desinfizieren.

Spucktuch: Diese sollten saugstark und weich sein, da sie mit der zarten Babyhaut in Kontakt kommen. Die Tücher lassen sich in allen möglichen Situationen einsetzen, wenn das Baby ein Bäuerchen macht oder etwas Milch ausläuft.

Babywasser: Besonders in den ersten Wochen müssen Sie sehr darauf achten, Ihr Kind nicht mit Bakterien zu bombardieren, da die nötigen Abwehrkräfte noch nicht gebildet werden konnten. Babywasser eignet sich perfekt zum Zubereiten der Fläschchen. Es ist in beinahe allen Supermärkten erhältlich. Nach einigen Monaten können Sie das Babywasser gegen normales Wasser austauschen, je nachdem wie die Entwicklung Ihres Kindes voranschreitet.

Flaschenwärmer: Es gibt Maschinen, in welche Sie die Fläschchen stellen können. Sie stellen die gewünschte Temperatur ein und die Maschine übernimmt das Erwärmen der Flasche für Sie. Es handelt sich hierbei nicht um ein absolut notwendiges Produkt. Sie können die Fläschchen auch problemlos in einem Wasserbad erwärmen.

Das Stillen ist, neben der reinen Nahrungsaufnahme, auch eine Möglichkeit für Mutter und Kind, um eine besondere Bindung aufzubauen. Der direkte Körperkontakt und die Zeit, die ganz bewusst miteinander verbracht wird, helfen sowohl dem Kind als auch der frisch gebackenen Mutter. Viele Eltern haben Angst, dass diese Bindung durchs Fläschchen geben nicht aufgebaut werden kann. Aus diesem Grund ist es wichtig, dass Sie die Mahlzeiten Ihres Kindes bewusst wahrnehmen und sich Zeit zum Kuscheln nehmen. In diesem Zusammenhang hat das Fläschchen geben sogar einen Vorteil, denn anders als beim Stillen hat auch der Vater des Kindes die Möglichkeit, das Baby zu füttern. So kann bereits in den ersten Monaten eine enge Bindung zwischen Kind und Vater aufgebaut werden. Selbstverständlich kann es mal sein, dass Sie eine Mahlzeit auf dem Sprung oder in der Nacht nicht bewusst genießen und sich ausreichend Zeit lassen. Doch Sie sollten darauf achten, dass dies nicht die Überhand gewinnt. Sie müssen sich auch nicht jedes Mal stundenlang mit Ihrem Kind aufs Sofa legen und kuscheln. Entscheidend ist das Gleichgewicht. Beim Fläschchen geben haben Sie außerdem die Möglichkeit, sich nachts abzuwechseln, sodass auch die Mutter einmal eine Nacht durchschlafen kann. Sobald Sie den Bogen raushaben ist auch das Zubereiten des Fläschchens in einigen geübten Handgriffen erledigt.

Die Milch sollte vor jeder Mahlzeit frisch zubereitet werden. Sie können das Milchpulver leider nicht im Voraus mit dem Wasser mischen und dann beispielsweise auf einen Ausflug mitnehmen. Auch sollten Sie übergebliebene Milch immer sofort entsorgen. Ist die Milch nicht mehr ganz frisch, so können sich Keime multiplizieren und das empfindliche Verdauungssystem des Kindes ist für solche Schwierigkeiten noch nicht gewappnet.

Sie nehmen eine sterilisierte Flasche und den passenden Sauger. Erwärmen Sie das Wasser auf die gewünschte Temperatur und füllen es vorsichtig in das Fläschchen. Dann wiegen Sie das Milchpulver mit einem kleinen Messlöffel oder einer Waage ab und geben es in das Wasser. Die Flasche wird verschlossen und gut geschüttelt, bis sich das gesamte Milchpulver vollkommen aufgelöst hat. Überprüfen Sie die Temperatur der Milch, bevor Sie sie Ihrem Kind anbieten. Sie können einen Tropfen der Milch auf Ihr Handgelenk oder Ihren Handrücken geben, wenn sich die Milch angenehm lauwarm anfühlt, dann hat sie die richtige Temperatur. Mit der Zeit bekommen Sie ein gutes Gespür dafür. Ist die Milch zu heiß, dann können Sie das Fläschchen unter den Wasserhahn halten, hierbei muss jedoch darauf geachtet werden, dass der Sauger nicht in Kontakt mit dem Wasser aus dem Hahn kommt. Oder aber Sie stellen das Fläschchen in ein kaltes Wasserbad und warten einige Sekunden, bis die richtige Temperatur erreicht ist.

Häufige Probleme:

Blähungen: Viele Babys leiden in den ersten Monaten an Blähungen. Diese werden durch Luft verursacht, die beim Trinken mit verschluckt wird. Achten Sie darauf, dass Sie gute Sauger kaufen, die sich der Form einer Brustwarze ähneln. Diese verursachen weitaus weniger Blähungen und Bauchschmerzen. Eine Bauchmassage kann helfen, fahren Sie hierfür vorsichtig und mit leichtem Druck mit den Fingern in Kreisformen über den Bauch Ihres Kindes. Schwacher Fenchel- oder Kamillentee kann die Bauchschmerzen Ihres Kleinen ebenfalls lindern.

Verstopfung: Es kann sein, dass Ihr Baby zeitweise an Verstopfungen leidet. Bei Flaschenbabys kommt dies häufiger vor, denn einige Kinder haben Probleme damit, die Milch richtig zu verdauen. Es kann deshalb sein, dass Sie einige Milchmarken durchprobieren müssen, ehe Sie die richtige Milch finden. Lassen Sie sich auf der Suche nicht beirren und ziehen Sie gegebenenfalls Ihren Kinderarzt zu Rate.

Das Baby möchte nicht trinken: Dies kann mehrere Gründe haben. Oft schmeckt dem Baby die Milch nicht, dann müssen Sie andere Marken ausprobieren, bis Sie die richtige gefunden haben. Es kann jedoch auch sein, dass Ihrem Baby der Sauger nicht gefällt. Plastik ist zwar stabil, jedoch deutlich weniger elastisch und formbar als Silikon. Probieren Sie unterschiedliche Sauger aus, dann finden Sie schnell die Vorlieben Ihres Kleinen heraus.

*Erziehung besteht aus zwei Dingen:
Beispiel und Liebe.*

Vitamine, Mineralstoffe und Nahrungsergänzungsmittel

Vitamine und Mineralstoffe sind in jeder Lebensphase des Menschen sehr wichtig. Das starke Wachstum eines Säuglings in den ersten Wochen und Monaten seines Lebens ist eine wahre Meisterleistung der Natur. Die Muttermilch enthält jedoch alle notwendigen Mineralien und Vitamine, weshalb von Nahrungsergänzungsmittel bei Säuglingen abzuraten ist. An dieser Stelle ist es jedoch die Aufgabe der Mutter, auf eine ausgewogene Ernährung zu achten. Denn nur so können die notwendigen Inhaltsstoffe in die Muttermilch gelangen. Versuchen Sie als Mutter, besonders viele frische Nahrungsmittel, Gemüse und Obst zu sich zu nehmen. Eine Diät ist während der Stillzeit nicht zu empfehlen. Auch auf Kohlenhydrate sollte nicht verzichtet werden. Sie haben nach der Stillzeit Ihres Kindes noch genug Zeit, die lästigen Schwangerschaftskilos loszuwerden, also gönnen Sie sich nach der Schwangerschaft und der Geburt eine Umgewöhnungszeit, sodass Ihr Körper nicht überfordert wird und Sie Ihr Baby und sich selbst optimal versorgen können.

Wenn Sie Ihr Baby mit der Flasche aufziehen, sind alle Nährstoffe in dem Milchpulver enthalten. Auch hier müssen Sie nichts dazu füttern.

Sobald Ihr Baby aus dem Säuglingsalter raus ist und auch schon feste Nahrung zu sich nimmt, müssen Sie darauf achten, dass alle notwendigen Nährstoffe in den gefütterten Gerichten enthalten sind. Kleine Kinder müssen im ersten Lebensjahr nicht unbedingt sehr abwechslungsreich essen, doch die notwendigen Vitamine und Mineralstoffe finden sich schon in einigen wenigen Nahrungsmitteln, die Sie dann immer passend kombinieren können.

Die meisten Lebensmittel werden im ersten Lebensjahr in gegarter Form gefüttert. Achten Sie darauf, dass Bakterien zwar abgetötet werden, Sie jedoch nicht all die wertvollen Vitamine verkochen. Das Gleichgewicht ist entscheidend.

Nährstoffe	Lieferanten
Vitamin A = **Unterstützt die Entwicklung der Knochen und Augen, bekämpft Infektionen**	Rote Bete, Karotten, Fenchel, Spinat, Süßkartoffeln, Grünkohl Brokkoli, Chicorée, Sellerie, Mangold Eisbergsalat, Feldsalat, Kopfsalat Eigelb Mango, Aprikosen, Honigmelone Kürbis, rote Paprika Hering, Lachs, Makrele Butter Rapsöl

Nährstoffe	Lieferanten
Vitamin B2 **=** **Wandelt Nahrung in Energie um**	Leinsamen Weizenkleie Gemahlene süße Mandeln Milch und Milchprodukte Weizen- und Roggenvollkorn

Nährstoffe	Lieferanten
Vitamin B12 **=** **Fördert die Entwicklung und Funktion des Nervensystems**	Fisch Fleisch Eier Milch und Milchprodukte

Nährstoffe	Lieferanten
Vitamin C **=** **Unterstützt die Wundheilung und beugt Infektionen vor**	Kiwi, Erdbeere, schwarze Johannisbeere, Papaya, Mandarine Paprika Kartoffeln Kohlrabi Spitzkohl, Weißkohl Rosenkohl, Grünkohl Brokkoli, Fenchel, Blumenkohl

Nährstoffe	Lieferanten
Vitamin D **=** **Unterstützt die Zahn- und Knochengesundheit**	Pilze Eier Hering, Lachs, Makrele Butter, Margarine

Nährstoffe	Lieferanten
Vitamin E **=** **Unterstützt Haut, Haare und schützt vor Entzündungen**	Nüsse, Samen Pflanzenöle Eier Hering, Lachs, Makrele

Nährstoffe	Lieferanten
Folsäure **=** **Unterstützt das Gehirn und Nervensystem, notwendig für Zellteilung und Neubildung**	Rote Bete, Fenchel Bohne, Linsen Brokkoli, Spinat Rosenkohl, Wirsing Weizenvollkorn, Weizenkleie

Nährstoffe	Lieferanten
Zink **=** **Fördert das Wachstum und Wundheilung, stärkt das Immunsystem**	Fisch Fleisch Vollkorngetreide: Weizen, Hafer, Roggen Eier Nüsse Milch und Milchprodukte

Nährstoffe	Lieferanten
Calcium **=** **Fördert die Entwicklung von Knochen und Zähnen**	Trockenfrüchte Mandeln, Haselnüsse Hülsenfrüchte: Bohnen, Kichererbsen, Linsen Grünes Gemüse: Spinat, Grünkohl, Brokkoli, Fenchel Frische Kräuter: Majoran, Oregano, Petersilie Kürbis, Süßkartoffeln Milch und Milchprodukte

Nährstoffe	Lieferanten
Proteine **=** **Zuständig für die Zellbildung**	Fleisch Fisch Hülsenfrüchte Nüsse Eier Milch und Milchprodukte

Nährstoffe	Lieferanten
Eisen **=** **Fördert die Bildung von roten Blutkörperchen**	Trockenfrüchte Hülsenfrüchte: Kichererbsen, Linsen, dicken Bohnen, grüne Bohnen, Kidneybohnen Grünes Gemüse: Brokkoli, Fenchel, Spinat, Rosenkohl, Grünkohl, Mangold, Zucchini Vollkornprodukte: Hirse, Haferkleie, Weizenkleie, Haferflocken Mageres Fleisch: Geflügel, Kalb, Rind, Schwein, Lamm Eier

Nährstoffe	Lieferanten
Kohlenhydrate **=** **Energielieferant**	Vollkornprodukte: Nudeln, Flocken, Grieß, Brot Reis Kartoffeln Hülsenfrüchte Obst Milch und Milchprodukte

Nährstoffe	Lieferanten
Fette = **Energielieferant**	Rapsöl, Olivenöl, Sonnenblumenöl Fleisch Samen, Nüsse Hering, Lachs, Makrele Vollmilch, Vollmilchprodukte

Nährstoffe	Lieferanten
Omega3-Fettsäuren = **Fördert die Entwicklung von Gehirn, Sehvermögen und Nervensystem**	Lachs, Forelle, Steinbutt, Makrele, Hering, Zander Nüssen, Samen Pflanzenöle

Die erste feste Nahrung

Die ersten Monate vergehen wie im Flug und ehe Sie sich versehen, kommt bereits die Frage der Beikost auf. Wann sollte mit Beikost begonnen werden, welche Lebensmittel eignen sich, wie sollen diese zubereitet werden und wie bekommen Sie Ihr Baby dazu, den Brei zu essen, dies sind nur einige der zahlreichen Fragen, die Ihnen dann durch den Kopf schwirren. Doch keine Sorge, so furchtbar schwierig ist dieses Thema eigentlich nicht und mit den Tipps, die ich Ihnen in diesem Kapitel an die Hand gebe, sollte Ihnen der Übergang von der Milch zur Beikost ohne große Schwierigkeiten gelingen.

Zunächst einmal ist ganz wichtig, dass Sie stets im Hinterkopf behalten, dass die Beikost im ersten Lebensjahr lediglich eine Ergänzung ist. Die Milch, sei es Muttermilch oder Flaschenmilch, stellt in den ersten 12 Monaten die Hauptnahrungsquelle dar. Sie müssen also weder sich selbst, noch Ihr Kind unter Druck setzen, indem Sie verzweifelt versuchen, es zum Breiessen zu zwingen.

Es kann kein genauer Zeitpunkt für die Einführung der Beikost genannt werden. In den ersten drei bis vier Monaten sollte ein Baby ausschließlich Milch trinken. Ab dem vierten Monat beginnen die ersten damit, dem Kind Beikost anzubieten. In diesem Alter sollte diese in jedem Fall püriert werden. Sie können Ihrem Kleinen jedoch auch Früchte und Gemüse zum Lutschen anbieten. Es gibt zahlreiche Formen und Möglichkeiten, wie die Beikost eingeführt werden kann. Doch kommen wir zurück zum richtigen Zeitpunkt. Wie bereits erwähnt, kann dieser nicht an einem bestimmten Datum festgemacht werden. Es gibt jedoch sogenannte Reifezeichen, die Ihr Baby Ihnen gibt und an denen Sie sich orientieren können.

Reifezeichen

Interesse am Essen anderer: Wichtig ist, dass Sie Ihr Kind aktiv an Ihrem Alltag teilhaben lassen. Wenn Sie sich zu den Mahlzeiten setzen, so können Sie Ihr Baby mit an den Tisch setzen, in einem Babystuhl oder seinem Kinderwagen. Auf diese Weise kann Ihr Kleines Sie beim Essen beobachten und wenn es sich auf Ihrem Schoß befindet werden Sie sehen, wie es gelegentlich auf den Teller greifen möchte und wie es die Bewegungen Ihres Löffels oder Ihrer Gabel beobachtet.

Das Baby kann mit Unterstützung sitzen: Ihr Baby kann im fünften Lebensmonat noch lange nicht alleine aufrecht sitzen, das ist auch ganz normal. Es sollte jedoch in der Lage sein, an Kissen angelehnt oder in einer Babyschale, den eigenen Kopf zu halten, ohne dass dieser ständig nach rechts und links schwingt.

Der Ausspuck-Reflex ist geschwächt oder gar nicht mehr vorhanden: In den ersten Monaten hat Ihr Kind einen sehr ausgeprägten Ausspuckreflex. Sobald sich etwas breiartiges im Mund befindet, wird es mit der Zunge schwungvoll wieder herauskatapultiert. Dieser Reflex lässt nach einigen Monaten nach, sodass es dem Baby möglich ist, die erste feste Nahrung zu sich zu nehmen.

Das Baby kann Spielzeug und andere Gegenstände bereits greifen und führt diese zum Mund: Ihr Kind muss mit vier Monaten noch keinen Löffel halten und damit das Essen selbst zum Mund führen. Trotzdem ist es ein deutliches Reifezeichen, wenn es anfängt, die Hände bewusst in den Mund zu stecken und an Spielzeug zu lutschen. Achten Sie auf dieses Zeichen, denn Sie können Ihrem Baby auch schon Gemüse und Obst anbieten, das nicht zu einem Brei verarbeitet wurde. Dabei müssen Sie jedoch immer sicherstellen, dass Ihr Baby keine Stückchen "abbeißen" kann, an denen es sich verschlucken könnte.

Es gibt unterschiedliche Möglichkeiten, die Beikost einzuführen. Wichtig ist hierbei, dass die Sicherheit des Babys im Vordergrund steht. Geben Sie Ihrem Kind keine Lebensmittel, an denen es sich verschlucken könnte und lassen Sie es nie unbeaufsichtigt. Dazu gehört auch, dass Sie Haustiere beim Essen von Ihrem Baby trennen oder zumindest sicherstellen, dass sich das Tier Ihrem Kind nicht nähern kann. Unfälle passieren dann, wenn niemand mit ihnen rechnet und oft in Situationen, die schon 100 Mal ohne Zwischenfälle stattgefunden haben.

Zu Anfang kann das kleine Kind noch nicht kauen und auch das Schlucken von Brei ist sehr ungewohnt. Es kann deshalb einige Anläufe in Anspruch nehmen, ehe der Brei wirklich heruntergeschluckt wird. Sie können Ihrem Baby frisch zubereitete Säfte anbieten, auf diese Weise wird es mit neuen Aromen in einer gewohnten Konsistenz vertraut gemacht. Die Säfte können beispielsweise aus Apfel, Möhren oder Melone bestehen, Zitrusfrüchte eignen sich nicht. Abgepackte Säfte enthalten oft Unmengen an Zucker, weshalb sie ebenfalls nicht zu empfehlen sind. Beobachten Sie Ihr Kind, um sicherzustellen, dass es keine Bauchschmerzen bekommt. Sie sollten in den ersten Wochen auch keine ganze Flasche geben, sondern immer nur kleine Mengen, um den Magen und den Verdauungstrakt des Kindes an die neuen Inhaltsstoffe der Nahrung zu gewöhnen.

Besonders in den heißen Sommermonaten bieten sich gekühlte Früchte und Gemüse an. An diesen kann Ihr Baby lutschen, wenn die ersten Zähnchen durchkommen und das Zahnfleisch besonders empfindlich ist. Kühle Früchte spenden dann etwas Linderung. Es gibt besondere Schnuller, deren Aufsatz aus einem engen Netz besteht und welches mit Obst gefüllt werden kann.

Darüber hinaus sollten Sie stets die Magengröße Ihres Kindes vor Augen haben. Dieser ist in den ersten

Lebensmonaten noch sehr klein, weshalb Sie nicht erwarten können, dass Ihr Baby mit fünf Monaten bereits ein ganzes Gläschen mit Brei aufisst. Die Mahlzeiten und Menge des Essens sind immer von der Entwicklung des Kindes abhängig. Einige Kinder haben bereits mit fünf Monaten ein deutliches Interesse an Brei und wollen sogar schon mal an einer Gurke lutschen. Andere hingegen möchten mit neun Monaten am Liebsten immer noch nur Milch trinken. Lassen Sie sich von den zahlreichen Ratschlägen Ihrer Mitmenschen nicht beirren und probieren Sie selbst, was für Sie und Ihr Kind am besten passt. Machen Sie sich keinen Druck, sondern versuchen Sie, Ihr Baby möglichst viel an Ihrem Leben teilhaben zu lassen, damit es sich Ihre Gewohnheiten abgucken kann, es jedoch nicht unter Druck zu setzen. Darüber hinaus durchläuft jedes Kind unterschiedliche Phasen. Es kann sein, dass Ihr Baby mit sieben Monaten super isst und Sie ihm bereits einzelne Nudeln oder Brot von Ihren Mahlzeiten anbieten können, es dann mit 10 Monaten jedoch wieder mehr Milch trinken möchte und die Beikost unbeachtet lässt.

Selber kochen oder kaufen?

Auch hier scheiden sich die Geister und wie so oft, wenn es um das Großziehen von Kindern geht, geben alle Mitmenschen ihre gut gemeinten Ratschläge und halten an diesen mehr oder weniger penetrant fest. Und auch hier kann ich nur eine Sache ein weiteres Mal wiederholen: Ihr Kind, Ihre Entscheidungen! Lassen Sie sich von den Anderen nicht einschüchtern und halten Sie an Ihren eigenen Vorstellungen fest!

Es verhält sich hier ganz ähnlich wie mit dem Konflikt zwischen Stillen und Fläschchen geben. Beides hat seine Vor- und seine Nachteile. Es liegt an Ihnen, mit welcher Variante Sie sich am Wohlsten fühlen. Außerdem müssen Sie keine absolute Entscheidung treffen. Sie können mit Gläschen beginnen und sich dann daran trauen, Ihrem Baby selbst den Brei zu kochen oder aber Sie beginnen mit dem Selbstkochen und gehen nach einiger Zeit auf Gläschen über. In diesem Kapitel werde ich Ihnen alle notwendigen Informationen zur Verfügung stellen, damit Sie Ihre Entscheidung treffen können und sich mit Ihrer Wahl gut fühlen. Zur besseren Überschaubarkeit hebe ich die Vorteile und Nachteile beider Ernährungsformen hervor.

Selbstkochen

Die Vorteile:

Frische Zutaten frisch zubereitet: Sie können sicherstellen, dass die Zutaten der Gerichte für Ihr Baby immer frisch sind und selbst entscheiden, bei welcher Supermarktkette oder auf welchem Markt Sie die einzelnen Zutaten erstehen.

Unterschiedliche Variationsmöglichkeiten: Sie können den Brei ganz frei von festen Vorgaben zusammenstellen und haben sehr viel mehr Kombinationsmöglichkeiten, als wenn Sie fertigen Brei kaufen.

Schonende Garung: Sie können sicherstellen, dass Sie die Lebensmittel schonend garen und keine Vitamine verlorengehen. Außerdem können Sie die Zutaten so zubereiten, wie es Ihrem Kind am besten schmeckt.

Die Nachteile:

Zeitaufwendig: Selbst zu kochen ist eindeutig zeitaufwendiger, als ein Gläschen zu öffnen und zu erwärmen. Sie können sich jedoch helfen, indem Sie einige Zutaten vorkochen und einfrieren. Sie können auch Gläschen selbst einkochen. Achten Sie darauf, dass der Brei beim Einfüllen ganz heiß ist, damit Sie ein Vakuum erzeugen können.

Gläschen füttern:

Die Vorteile:

Wenig Zeitaufwand: Die Gläschen sind einfach aufzuschrauben und zu erwärmen, Sie können nichts falsch machen.

Garantierte Qualität: Die Herstellung der Gläschen mit Babynahrung wird streng überwacht. Die einwandfreie Qualität des Breis wird garantiert. Anders als beim Selbstkochen müssen Sie sich keine Gedanken darum machen, ob eine Zutat vielleicht nicht mehr ganz frisch ist oder sich überhaupt für den Brei Ihres Kindes eignet.

Viel Auswahl: Heut zu tage gibt es eine große Auswahl an Gläschen. Es gibt verschiedene Marken und Geschmacksrichtungen. Sie können aussuchen, was Ihr Baby wann essen soll und werden schnell merken, welche Kombinationen ihm besonders gut schmecken.

Einfach zu transportieren: Sie können problemlos Ausflüge machen und einfach ein Gläschen mitnehmen. In den meisten Restaurants können Sie dieses erwärmen lassen, sodass auch ein Restaurantbesuch mit einem Baby kein Problem ist und Sie entspannt verreisen können.

Die Nachteile:

Zu große Portionen: Viele Gläschen sind für die Anfangszeit zu groß. Ihr Baby isst in den ersten Monaten oft kein ganzes Gläschen auf, sodass Sie den Rest wegschmeißen müssen. Aus Hygienegründen können Sie die angebrochenen Gläschen nicht über einen langen Zeitraum hinweg aufbewahren.

Teuer: Die Gläschen sind um einiges teurer, als selbst zu kochen. Wenn Sie den Preis jedoch gegen die Zeit des Kochens aufrechnen, sind die Kosten wohl beinahe gleich hoch.

Begrenzte Auswahl: Auch wenn die Gläschen mit Babynahrung mittlerweile in vielen Geschmacksrichtungen erhältlich sind, so ist die Auswahl selbstverständlich nicht unbegrenzt. Es kommt häufig vor, dass dem Kind ein bestimmter Bestandteil des Breis nicht schmeckt und diesen können Sie dann selbstverständlich nicht austauschen, wie es Ihnen beim Selbstkochen möglich ist.

Ich kann Ihnen dazu raten, beides auszuprobieren und dann zu entscheiden, was Ihnen am besten gefällt und was sich am einfachsten im Alltag umsetzen lässt. Wenn Sie viel unterwegs sind, dann bieten sich Gläschen an, wollen Sie die einzelnen Zutaten der Mahlzeiten Ihres Babys besser kontrollieren können, so sollten Sie sich für das Selbstkochen entscheiden. Von Vorteil ist jedoch, dass Sie die Methoden auch abwechseln können. Da der Babybrei so schonend zubereitet ist, dass er dem Magen des Kleinen normalerweise keinerlei Probleme bereitet, benötigen Sie keine Umgewöhnungszeit. Sie können beispielsweise im normalen Alltag selber kochen und bei einer Reise auf Gläschen ausweichen.

Die besten Nahrungsmittel für den Babybrei

Grundsätzlich lässt sich sagen, umso frischer, desto besser. Sie werden die meisten Lebensmittel in den ersten Monaten kochen müssen, doch wenn die Grundzutaten frisch sind, dann enthält der Brei am Ende einen hohen Anteil an Vitaminen und anderen Nährstoffen.

Fangen Sie mit leichten Lebensmitteln an, die nicht schwer im Magen liegen. Die Einführung und Umsetzung ist von Familie zu Familie unterschiedlich, doch sie könnte beispielsweise folgendermaßen geschehen:

Das Baby befindet sich im sechsten Lebensmonat, die Reifezeichen sind deutlich vorhanden und Sie haben das Gefühl, dass Ihr Baby etwas Neues ausprobieren möchte und von der Muttermilch oder Flaschenmilch allein nicht mehr satt zu werden scheint. Sie beginnen mit einer Gemüsesorte zu den Hauptmahlzeiten. Die erste Zutat ist beispielsweise Möhre. Sie kochen sie und mixen sie zu einem sämigen Brei. Nicht zu fest, denn Ihr Kind ist an das Schlucken von Brei noch nicht gewöhnt. In den ersten Tagen kann die Konsistenz ruhig etwas flüssiger sein. Sie verwenden keinen Zucker, können jedoch eine kleine Prise Salz und etwas Öl in den Brei geben. Durch das Öl wird er leichter bekömmlich, es sollte jedoch nicht zu viel sein. Den Möhrenbrei geben Sie Ihrem Baby eine Woche lang, auf diese Weise kann es sich an den Geschmack gewöhnen und Sie können sichergehen, dass der Brei keine Beschwerden verursacht und gut angenommen wird. Die Möhre wird die nächsten Wochen die Grundzutat im Brei sein.

In der zweiten Woche kochen Sie die Möhre gemeinsam mit etwas Kartoffel. Manche beginnen mit Kartoffel, sie ist jedoch allein nicht unbedingt lecker, weshalb Möhre von den Babys besser angenommen wird. Auch diese Kombination behalten Sie eine Woche lang bei. Keine Sorge, Ihrem Baby wird nicht langweilig, die Geschmacksknospen der Zunge müssen sich erst an den neuen Geschmack gewöhnen. Es kann durchaus mehrere Tage dauern, ehe Ihr Kind den Brei annimmt und wirklich ein paar Löffelchen hinunterschluckt. In den ersten Wochen sollten Sie ruhig kleine Mengen kochen, da Ihr Baby mit einigen kleinen Löffeln bereits satt wird.

Zu den Nebenmahlzeiten können Sie Fruchtpüree füttern. Dazu können Sie beispielsweise Birne oder Apfel kochen und zu Muß verarbeiten. Wichtig ist, dass Sie mit der Einführung ebenso verfahren wie bei den herzhaften Pürees. Nur so können Sie sicherstellen, dass Ihr Baby die Nahrungsmittel verträgt und keine Allergie oder sonstiges ausgebildet wird.

Wenn Ihr Baby den herzhaften Brei nicht essen möchte, so können Sie diesen mit etwas Fruchtbrei mischen. Dies sollte jedoch nur zu Anfang als Anreiz genommen werden und nicht zur Gewohnheit werden. Ihr Baby wird sich sonst daran gewöhnen, nur süßen Brei anzunehmen.

In der dritten Woche können Sie die Möhre mit etwas Pastinake mischen. In der vierten mit etwas Kürbis und so weiter. Die Technik ist immer die Gleiche. Im folgenden Abschnitt werde ich Ihnen auflisten, welche Lebensmittel sich ab welchem Lebensmonat eignen:

Ab dem fünften Monat: Möhre, Pastinake, Kartoffel, Kürbis, Apfel, Birne, Gurke,

Ab dem siebten Monat (zusätzlich zu den bereits genannten Nahrungsmitteln): Hühnchen, Pute, grüne Bohnen, Zuckererbsen, Nudeln, Reis, Brot, Banane (in kleinen Mengen), Melone, Wassermelone, Linsen, Fisch, Weintrauben, Kräuter, Zwiebel

Ab dem neunten Monat (zusätzlich zu den bereits genannten Nahrungsmitteln): Bohnen, Kichererbsen, Rindfleisch, Schweinefleisch, Hirse, Ei, Aufschnitt, Käse, Pilze, Erdbeeren, Himbeeren, Blaubeeren

Ab dem elften Lebensmonat kann eigentlich vom Tisch der Eltern mitgegessen werden. Hier stehen viele Familien jedoch vor einem neuen Problem, denn der Übergang von Brei zu Beikost gelingt nicht immer ganz reibungslos. Fangen Sie mit Lebensmitteln an, die Ihrem Kind besonders gut schmecken und machen Sie einen schrittweisen Übergang. Sie können den Brei beispielsweise weniger stark pürieren. Die Stückchen sind zwar ungewohnt, stellen aber kein Risiko dar, wenn sie einfach verschluckt werden. Es ist wichtig, dass Sie Ihr Kind an den Mahlzeiten der Familie teilhaben lassen. Sie können es zwar schon vorher füttern, damit Sie nicht gestresst sind, wenn Sie versuchen müssen, selbst zu essen und gleichzeitig ein hungriges Baby zu füttern. Doch Ihr Kind sollte sehen, wie Sie essen, auf diese Weise entwickelt es Neugier für die von Ihnen verzehrten Speisen. Die Koordination der Hände ist außerdem so weit fortgeschritten, dass Sie ihm bereits Nudeln oder ein Stück Brot in die Hand drücken können. Schritt für Schritt pürieren Sie die Zutaten weniger stark und lassen einige Lebensmittel schließlich unpüriert. Seien Sie unbeirrt, auch wenn Ihr Kind bei den ersten Versuchen vielleicht keine großen Mengen isst und einiges wieder ausspuckt.

Manche Eltern fangen an, lustige Geräusche und Bewegungen zu machen, damit sich das Kind den Löffel in den Mund schieben lässt. Es gibt Kinder, die in den ersten Lebensjahren nicht gerne essen und in einem solchen Fall kann dieses Vorgehen tatsächlich helfen. Doch wenn Ihr Kind eigentlich gut isst, dann ist es nicht unbedingt zu empfehlen, denn Sie bringen Ihrem Kind damit bei, dass das Essen ein Spielvorgang ist. Sie sollten nach Möglichkeit versuchen, Spielen und Essen deutlich voneinander zu trennen. Die Gesundheit und die gute Entwicklung des Babys stehen jedoch im Vordergrund. Wenn Sie merken, dass Ihr Kind zu wenig isst und nicht optimal zunimmt, dann ist jedoch die Gesundheit Ihres Kindes am Wichtigsten und Sie können durchaus versuchen, es spielerisch an das Essen heranzuführen.

Sobald Ihr Baby mehrere Mahlzeiten am Tag in fester Form zu sich nimmt, können Sie die Menge an Milch etwas herunterfahren. Darüber hinaus sollten Sie stets zuerst den Brei geben und danach mit etwas Milch den restlichen Hunger stillen. Wenn Ihr Kind zuerst die Milch bekommt, dann wird es den Brei weniger gut annehmen. Das Stillen oder Geben der Flasche wird im Laufe des Jahres immer mehr zu einem intimen Moment zwischen Eltern und Kind, während die reine Nahrungsaufnahme in den Hintergrund tritt. Wenn Ihr Baby neue Zähne bekommt, andere Schmerzen empfindet oder krank ist, kann es sein, dass es den Brei ablehnt und stattdessen mehr Milch trinken möchte.

Wichtig ist, dass Sie das Wohlbefinden und die gesunde Entwicklung Ihres Kindes in den Vordergrund stellen und das Essen an seine Bedürfnisse anpassen.

„Die Entdeckung einer neuen Speise fördert das Glück der Menschheit mehr als die Entdeckung eines neuen Sterns."

Jean Anthèlme Brillat-Savarin, französischer Philosoph

Diese Lebensmittel eignen sich nicht

Wenn Sie sich dazu entscheiden, Ihrem Baby Gläschen zu geben, dann fällt dieser Teil natürlich weg, doch wenn Sie selbst kochen möchten, dann sollten Sie diese Zutaten nicht für den Babybrei verwenden.

Lebensmittel aus Dosen: Gemüse sollte lieber frisch oder tiefgefroren gekauft werden. Gemüse oder Bohnen in Dosen enthalten meist Konservierungsstoffe und wurden nicht schonend gegart. Vitamine gehen bei der Herstellung verloren, außerdem sind die Lebensmittel oft zu stark gewürzt und deshalb für den empfindlichen Babymagen nicht geeignet.

Getrocknete Früchte: Sie sind zu hart und das Kind könnte sich verschlucken. Darüber hinaus werden viele Trockenfrüchte gezuckert.

Zitrusfrüchte: Die Säure der Früchte schadet dem Magen und ist nicht leicht zu verdauen. Darüber hinaus trinken Babys noch sehr viel Milch, die sich mit der Säure der Zitrusfrüchte nicht verträgt.

Rohes Fleisch: Viele lieben Mettbrötchen und Tartar, doch für Babys ist rohes Fleisch ganz und gar nicht geeignet. Das Fleisch kann Bakterien und Keime enthalten, die für den kleinen Babymagen schädlich sind und zu schweren Krankheiten führen können.

Sushi: Sushi enthält rohe, tierische Zutaten, die für das kleine Kind nicht geeignet sind und zu Erkrankungen führen können.

Honig: Kaltgeschleuderter Honig kann Bakterien enthalten, die zu schweren Krankheiten führen können. Wenn Sie die Nahrung Ihres Babys süßen möchten, so sollten Sie im ersten Lebensjahr zu normalem Zucker greifen. Kleine Kinder sind jedoch noch nicht an süße Nahrung gewöhnt und normalerweise reicht die natürliche Süße der Früchte vollkommen aus.

Gefährliche Nahrungsmittel: Die Lebensmittel, die Sie Ihrem Baby anbieten, sollten keine Gefahr darstellen können. Einige Lebensmittel sind deshalb mit Vorsicht zu genießen. Weintrauben beispielsweise sollten zu einem Muß verarbeitet werden, da sie im Ganzen zu gefährlich sind. Außerdem sollten Sie alle Kerne aus Äpfeln, Weintrauben, Birnen usw. entfernen.

Frittiertes: Sobald Ihr Baby bereits selbst Lebensmittel festhalten und an den Mund führen kann, kommen auch Pommes und Ähnliches in die engere Auswahl. Sie sollten jedoch aufpassen, denn zu viel Fett ist für das Baby nicht gut. Auch sind Pommes und andere oft zu stark gesalzen.

Gewürze: Frische Kräuter und etwas Salz, mehr braucht es nicht, um den Brei zu würzen. Zu viele Gewürze reizen den Magen und auch der Geschmackssinn des Babys ist auf zu starke Aromen nicht vorbereitet.

Getränke: Softdrinks enthalten neben Kohlensäure auch einen sehr hohen Anteil an Zucker oder anderen Süßungsmitteln und sind deshalb ganz und gar nicht für die Ernährung Ihres kleinen Kindes geeignet. Coca-Cola enthält darüber hinaus noch Koffein, welches ein Baby nicht zu sich nehmen sollte. Am besten ist

Wasser ohne Kohlensäure, wenn Sie etwas Abwechslung in den Alltag Ihres Babys bringen möchten, so können Sie frische Fruchtsäfte zubereiten oder aber Tee vorbereiten und abkühlen lassen. Frische Kräutertees eignen sich besonders gut, Schwarztee und grüner Tee hingegen nicht.

Gesundheit fängt beim Essen an

Allergien bei Babys

Um diesem wichtigen Thema in diesem Kapitel auf den Grund gehen zu können, muss das Wort Allergie erst einmal klar definiert werden. Lebensmittel können oft Reaktionen von Unverträglichkeit auslösen. Dies können beispielsweise Durchfall oder Übelkeit und Erbrechen sein. Von einer Allergie wird jedoch erst dann gesprochen, wenn die Symptome durch das Abwehrsystem des Körpers hervorgerufen werden. Es kann dann zu Veränderungen der Haut kommen, Atemnot und Ausschlag sind nicht selten. Die allergische Reaktion erfolgt bei Kontakt mit den in den Lebensmitteln enthaltenen Proteinen, denn bisher konnten keine allergischen Reaktionen auf Kohlenhydrate oder Fette festgestellt werden.

Eine Allergie kann ganz plötzlich auftreten, auch wenn das Lebensmittel vorher bereits mehrere Male verzehrt wurde. Genauso kann eine Allergie auch ganz von alleine wieder verschwinden.

Komplexe Allergien wie bei Erwachsenen beispielsweise eine Katzenhaarallergie oder eine Allergie gegen ein bestimmtes Lebensmittel, kommen bei Kleinkindern sehr selten vor. Allergien entwickeln sich meist aus einer Pollenallergie heraus, im

Säuglingsalter sind sie deshalb noch nicht so oft vertreten.

Es kann jedoch sehr wohl vorkommen, dass ein Baby eine allergische Reaktion auf ein Grundnahrungsmittel zeigt. Dies sind in den meisten Fällen Fisch, Milch, Soja, eine Getreidesorte, Nüsse oder Hühnereier. Die Reaktionen treten selbstverständlich auch dann auf, wenn das Lebensmittel nicht pur, sondern nur als Bestandteil einer Mahlzeit verzehrt wird.

Bei Kleinkindern zeigt sich eine Allergie häufig in Form von Husten, Atemnot, Schwellungen der Nase, Juckreiz, Nesselsucht oder anderen Rötungen, brennen des Halses, der Zunge oder des Rachenraumes, Durchfall, Erbrechen, Bauchschmerzen oder Verstopfung. Sie sehen, die Symptome sind vielfältig und hängen von dem Baby und von dem Lebensmittel ab. Meist lässt sich eine Allergie feststellen, weil die Symptome kurze Zeit nach dem Verzehren des Lebensmittels beginnen.

Oft kommt den Eltern nicht sofort der Gedanke, dass es sich um eine allergische Reaktion handeln könnte. Es vergehen deshalb einige Tage der Ungewissheit. Wenn Sie jedoch bereits einen Verdacht haben, dann kann es sehr hilfreich sein, ein Tagebuch zu schreiben, in welchem Sie genaustens notieren, was Ihr Baby über den Tag verteilt zu sich nimmt. Geben Sie Gläschen, so sollten Sie während der Suche nach dem Lebensmittel, auf welches Ihr Kind allergisch reagiert, möglichst selber kochen. Auf diese Weise haben Sie einen besseren Überblick, welche Nahrungsmittel sich in den Speisen Ihres Babys verstecken. Da der Brei eines Kleinkindes meist nur aus einigen wenigen Lebensmitteln zusammengesetzt ist, sollte der Übeltäter relativ schnell gefunden werden können. Sobald Sie wissen, welches Nahrungsmittel die allergischen Reaktionen hervorruft, sollten Sie sich mit Ihrem Kinderarzt absprechen. In den meisten Fällen muss eine Diät begonnen werden, bei welcher das besagte Lebensmittel aus dem Alltag gestrichen wird.

Lebensmittelallergien verschwinden bei den meisten Kleinkindern bis zum Schulkindalter wieder und bleiben nicht bis in die Jugend hinein bestehen. Sie können das Nahrungsmittel deshalb erst einmal weglassen und später immer wieder mit Hilfe einer kleinen Dosis überprüfen, ob die Allergie noch besteht. Dies sollte jedoch unter der Aufsicht eines Arztes geschehen.

Sie können die Entwicklung Ihres Kindes unterstützen, indem Sie es möglichst bis zum fünften Lebensmonat ausschließlich stillen oder das Fläschchen geben. Es ist bewiesen, dass Babys, die in den ersten vier Lebensmonaten ausschließlich Milch getrunken haben, weniger häufig an Lebensmittelallergien leiden.

Die Ernährung im ersten Jahr auf einen Blick

Nachdem Sie in den vorherigen Kapiteln ausführlich alle wichtigen Informationen rund um die richtige Ernährung im ersten Lebensjahr Ihres Kleinen erhalten haben, möchte ich Ihnen nun noch mal eine Liste mit auf den Weg geben, mit deren Hilfe Sie sich leicht einen Überblick verschaffen können:

1. bis einschließlich 4. Lebensmonat:
Milch (Stillen oder Fläschchen geben)

5. bis einschließlich 6. Lebensmonat:
Möhre, Pastinake, Kartoffel, Kürbis, Apfel, Birne, Gurke

Zubereitung: fein püriert und gekocht, Früchte auch roh. Wenig Salz, keine Gewürze und kein Zucker oder Honig

7. bis einschließlich 8. Lebensmonat:
Hühnchen, Pute, grüne Bohnen, Zuckererbsen, Nudeln, Reis, Brot, Banane (in kleinen Mengen), Melone, Wassermelone, Linsen, Fisch, Weintrauben, Kräuter, Zwiebel

Zubereitung: püriert und gekocht, Früchte auch roh. Wenig Salz, kaum Gewürze, wenig Zucker, kein Honig.

9. bis einschließlich 10. Lebensmonat:
Bohnen, Kichererbsen, Rindfleisch, Schweinefleisch, Hirse, Ei, Aufschnitt, Käse, Pilze, Erdbeeren, Himbeeren, Blaubeeren

Zubereitung: weniger fein püriert, einiges bereits im Ganzen. Wenig Salz, wenig Gewürze, etwas Zucker, kein Honig.

11. und 12. Lebensmonat: Weiterhin Breikost oder bereits Beikost vom Tisch der Eltern.

Zubereitung: Stetig weniger pürieren, kein Honig, wenig Salz, wenig Zucker, wenig Gewürze.

Das ganze erste Lebensjahr über stellt Milch die Hauptnahrungsquelle Ihres Babys dar. Erschrecken Sie sich nicht, wenn es mal mehr und mal weniger an dem Brei und der Beikost interessiert ist. An Milch sollte es während des ersten Lebensjahres jedoch nicht fehlen!

Gesundheit hat viel mit selber ausprobieren zu tun. Wenn etwas nicht funktioniert, dann probiere etwas anders. Und wenn es hilft, dann mach mehr davon.

-Daniel Albisser-Meister

Welche Formen der Ernährung gibt es im ersten Lebensjahr?

Im Grunde genommen ist es ganz einfach. Im ersten Lebensjahr ist das Baby vor allem ein Säugling. Es ernährt sich von Milch, sei dies die Muttermilch oder die Ernährung mit der Flasche. Ab einem halben Jahr zeigen viele Babys deutliche Reifezeichen und wachsendes Interesse für die Nahrung der Eltern. Dann ist es an der Zeit, mit der Eingewöhnung von festen Lebensmitteln zu beginnen. Dies bedeutet jedoch nicht, dass das Kleine keine Milch mehr benötigt und abgestillt werden kann. Milch sollte über das ganze erste Lebensjahr hinweg das Hauptnahrungsmittel sein. Einige Kinder verlangen nach diesem Jahr von allein keine Milch mehr, bei anderen dauert es etwas länger. Die Entwöhnung von Milch ist auch abhängig von der Menge an fester Nahrung, die das Kind über den Tag verteilt isst. Manche nehmen an jeder Mahlzeit teil und nehmen somit schon viele Kalorien zu sich. Die Milch bedeutet dann eher eine Ergänzung, ist jedoch nicht mehr unbedingt notwendig. Andere essen bis zum ersten Lebensjahr kaum feste Nahrung, sodass sie auf die Nährstoffe aus der Milch angewiesen sind. Es ist wichtig, ein Gleichgewicht zu finden. Sie müssen durchaus darauf achten, dass Ihr Baby genug Essen zu sich nimmt. Es gibt Kinder, denen die feste Nahrung nicht schmeckt und es ist wichtig, dass der Körper trotzdem mit allen wichtigen Vitaminen und Mineralien versorgt wird. Dies sicherzustellen, ist Aufgabe der Eltern. Feste Ernährungspläne sind bei Kleinkindern jedoch nicht notwendig und oft kontraproduktiv. Sie sorgen dafür, dass das Essen zu einer Aufgabe wird, die mit Vergnügen nicht mehr viel zu tun hat. Wichtiger als die tatsächlichen Lebensmittel, die das Kleinkind in den ersten Monaten zu sich nimmt, ist das Verhältnis zum Essen. Die Nahrungsaufnahme sollte etwas Schönes sein, auf das sich das Baby freut und an dem es gerne teilnimmt. Dies bedeutet nicht, dass Sie keine Regeln aufstellen sollen und Ihr Kind mit seinem Essen um sich schmeißen darf, nur weil es Vergnügen daran findet. Das Gleichgewicht ist entscheidend. Haben Sie ein Auge auf die Ernährung Ihres Kindes. Beobachten Sie, wie viel es ungefähr isst und trinkt und notieren Sie das Gewicht. Kleinkinder nehmen im ersten Lebensjahr unaufhörlich zu, wenn Ihr Kind also anfängt, abzunehmen, dann müssen Sie schauen, ob dies an der Ernährung liegt. Der Gewichtsverlust oder die Stagnation der Zunahme können auch auf einen Wachstumsschub oder das Wachsen der kleinen Zähnchen zurückzuführen sein.

In diesem Zusammenhang möchte ich Ihnen vermitteln: Schauen Sie über den Tellerrand. Beobachten Sie Ihr Kind und sein Verhalten und setzen Sie sich mit seinen Bedürfnissen auseinander. Haben Sie keine Scheu davor, auch mal rechts und links zu blicken. Immer öfter haben Eltern das Gefühl, sobald ihr Kind auf der Welt ist, beginnt eine Art Wettkampf. Jeder versucht, der beste in der Disziplin zu sein und die anderen von seinen Methoden zu überzeugen. Diskussionen um die Art der Milch kommen auf. Muss es Muttermilch sein? Viele sind der Meinung, die Muttermilch ist das einzig Wahre und blocken die Meinungen anderer Mütter konsequent ab. Wer sein Kind nicht stillt, ist eine Rabenmutter! Genauso geht es weiter, wann sollte die erste Breimahlzeit gefüttert werden? Sollte man konsequent sein oder eher sich vollkommen nach dem Kind richten? Nicht nur im Bereich der Nahrungsaufnahme sind die Diskussionen immer die gleichen. Auch Sie haben sicherlich schon viele Vorträge auf Ihrem Umfeld anhören müssen, welche Regeln Sie Ihrem Kind ab welchem Alter anzugewöhnen haben. Dort ist dann die Rede von Kleinen, die ab dem ersten Tag durchschlafen, während Ihr Kind auch im Alter von mehreren Monaten jede Nacht mehrmals aufwacht und nach ihnen ruft.

Ein wichtiger Punkt ist in diesem Zusammenhang die Toleranz. Jeder Mensch ist anders, jede Mutter unterscheidet sich und auch die Kinder reagieren ganz verschieden. Es handelt sich um Menschen. Jede Familie versucht, seinen eigenen Weg zu finden, hat dabei offene Ohren für Ratschläge, möchte jedoch nicht dafür verurteilt werden, die Dinge für sich selbst herausfinden zu wollen und auf einige Ratschläge nicht einzugehen. Es gibt kein richtig oder falsch im Elternsein. Wichtig ist, dass Sie täglich Ihr Bestes geben. Dass Sie versuchen, sich aktiv mit den Bedürfnissen Ihres Kindes auseinanderzusetzen und sich selbst dabei als Person mit eigenen Bedürfnissen nicht zu vergessen. Kommen wir nach diesem kleinen Diskurs zum Elternsein zurück zu der Ernährung. Diese ist im Prinzip gar nicht so schwer, es gibt jedoch verschiedene Ansätze, die besonders im ersten Lebensjahr bewusst umgesetzt werden können.

Die Hauptnahrungsquelle Milch: Es gibt zwei Möglichkeiten, die in unterschiedlicher Art und Weise ausgeführt werden können. Die natürlichste Form ist das Stillen und somit die direkte Ernährung durch die Muttermilch. Diese Milch bringt von Natur aus alles mit, was für die optimale Entwicklung des Kleinen wichtig ist. Sie enthält alle notwendigen Vitamine, Minerale und anderen Nährstoffe. Wichtig ist hierbei jedoch auch die Ernährung der Mutter. Alkohol ist während der Stillzeit tabu, denn alle Inhaltsstoffe Ihrer Nahrung gelangt durch Ihr Blut in die Milch. Außerdem ist das Baby sehr fest an die Mutter gebunden. Diese muss zu allen Momenten der Nahrungsaufnahme des Kleinen anwesend sein. Da sich viele Mütter hierdurch in ihrer Bewegungsfreiheit eingeschränkt fühlen, gehen sie dazu über, manche Mahlzeiten abzupumpen, sodass sie dem Baby mit Hilfe einer Flasche gefüttert werden. Dies bietet sich außerdem an, wenn die Mutter zu einigen Zeiten überschüssige Milch hat und diese nicht einfach entsorgen möchte. Die Milch lässt sich mit speziellen Gefäßen im Kühlschrank aufbewahren und sogar einfrieren. Nützlich ist dieser Milchvorrat auch, wenn die Mutter krank wird und ihre Milch deshalb vorübergehend nicht für das Baby geeignet ist.

Auch hier gibt es eine rege Diskussion. Manche sind der Meinung, Babys werden durch die Abwechslung zwischen dem Stillen an der Brust und dem Geben der Flasche verwirrt und nehmen später weder die Brust der Mutter, noch die Flasche, an. Andere hingegen haben in diesem Zusammenhang keine schlechten Erfahrungen gemacht und waren begeistert davon, welche Freiheiten und Möglichkeiten sich ergaben, wenn die Ernährungsweise des Babys abgewechselt werden kann.

Es gibt Mütter, die ihre Kinder nur mit Flaschenmilch aufziehen. Dies stößt häufig auf Unverständnis und wird rege diskutiert. In vielen Fällen haben die Mütter keine Wahl, denn sie sind auf Grund von Krankheiten oder einer schweren Geburt nicht in der Lage, ihr Kind zu stillen. Doch es kommt auch vor, dass eine Mutter sich aus freiem Willen gegen das Stillen entscheidet. Es bilden sich zwei Fronten, denn viele Mütter sind der Meinung, man sei keine richtige Mutter, wenn man sein Kind nicht stillt. Ob dabei vielleicht auch ein klein wenig Neid mitschwingt, weil das Geben der Flasche in vielen Fällen leichter ist und diese Mütter nicht mit Mastitis und schmerzenden Brüsten zu kämpfen haben?

Mein Motto ist in diesem Zusammenhang: Die Ernährung des Kindes soll etwas Schönes sein. Beide Methoden haben ihre Vor- und Nachteile. Das Stillen sorgt für eine starke Bindung zwischen Mutter und Kind, kann jedoch mit Schmerzen verbunden sein und bedeutet außerdem, dass das Kind sehr abhängig von der Mutter ist. Das Flasche Geben impliziert keinen direkten Körperkontakt zwischen der Mutter und ihrem Baby, ermöglicht jedoch, dass auch der Vater seinem Kind eine Mahlzeit einflößen kann und dadurch eine stärkere Bindung zu dem Baby aufbauen kann. Auch eine Mischung aus beiden Methoden ist möglich. Manche Mütter produzieren nicht genug Milch, möchten ihr Kind aber trotzdem stillen. Babymilch ist heutzutage so gut entwickelt, dass auch eine Mischung von Mutter- und Flaschenmilch möglich ist, um das Kind ausgewogen zu ernähren und sicherzustellen, dass es alle notwendigen Nährstoffe zu sich nimmt.

Entscheiden Sie, was sich für Sie als Familie am besten anfühlt und nehmen Sie die Kritik der Anderen nicht zu persönlich. Jeder muss für sich selbst herausfinden, womit er sich wohlfühlt. Schrecken Sie nicht davor zurück, sich mit anderen Eltern auszutauschen und neue Dinge auszuprobieren. Doch fühlen Sie sich nicht schuldig, wenn Sie Ihren Weg fern von Vorgaben und Erwartungen finden.

Im Laufe des ersten Lebensjahres wird mit der Beikost begonnen. Hier ist das Prinzip ganz ähnlich. Es gibt verschiedene Methoden und es liegt an Ihnen, herauszufinden, welche für Ihr Kind und Ihre Familie am besten ist.

Die Entdeckung einer neuen Speise fördert das Glück der Menschheit mehr als die Entdeckung eines neuen Sterns.
-Anthelme Brillat-Savarin

Rezepthinweise

<u>Abkürzungen für die Rezepte</u>

Pck. = Packung
St = Stück
g = Gramm
kg = Kilogramm
ml = Milliliter
cm = Zentimeter
cl = Zentiliter
l = Liter
HV: Handvoll
Msp. = Messerspitze
TL = Teelöffel
EL = Esslöffel
n.B.= nach Bedarf

Bitte beachten Sie, dass Sie beim Würzen der Speisen aufpassen. Das heißt nicht zu stark würzen. Lieber etwas weniger. Wichtig ist dabei, wie das Kind darauf reagiert, da manche Kinder allergisch reagieren können.

<u>Schutz vor Bakterien und Co</u>

Keine rohen Lebensmittel vom Tier (Fisch, Eier, Fleisch, Rohmilch) zu sich nehmen und erhitzen Sie diese Lebensmittel bei 70 Grad für mindestens 2 Minuten.

Salat, Gemüse und Obst immer gründlich waschen.

Vor und nach dem Essen die Hände desinfizieren.

Lagern und verarbeiten Sie rohe Lebensmittel getrennt.

Das Hände waschen und das Waschen von Lebensmittel kann man gemeinsam mit dem Kind machen. Somit lernt das Kind den Umgang mit der Hygiene und dem Lebensmitteln.

In einigen Gerichten sind Zucker und Salz erhalten. Da es bei diesem Thema immer unterschiedliche Meinungen gibt, haben wir eine Tabelle erstellt wie sie Zucker und Salz durch natürliche Produkte ersetzen können.

<u>Tabelle (Zutaten ersetzen)</u>

Backpulver *(1 TL)*	¼ TL Natron + ½ TL Weinsteinbackpulver
Zucker *(100 g)*	Ahornsirup (130 g) Agavendicksaft (125 g) Apfeldicksaft (110 g) Birkenzucker (100 g) Kokosblütenzucker (100 g)
Salz	Steinsalz oder Meersalz (Besitzen unter anderen Natrium und wichtige Spurenelemente) Majoran Kräuter (Petersilie, Ingwer)

Rezepte für Babys

Hier finden Sie tolle Rezepte für Ihr Baby. Es beginnt ab dem 5 Monat mit den Grundrezepten und vermittelt Ihnen wie gut Sie die Beikost in Ihren Alltag intergieren können.

Grundrezept Gemüsebrei

Dauer: 20 Minuten
Alter: ab dem 5. Monat

Zutaten

100 g Karotte, Kürbis, Pastinake oder Zucchini | 30 ml Wasser | 1 TL Rapsöl

Zubereitung

1. Das ausgewählte Gemüse waschen, ggf. schälen und klein schneiden.
2. Das Gemüse mit dem Wasser in einen Topf geben und für **10 Minuten** bei niedriger Hitze köcheln lassen, bis es weich ist.
3. Das Rapsöl unterrühren und pürieren.
4. Ist der Brei zu fest, dann geben Sie ruhig noch etwas Wasser dazu.

Notizen:____________________

Grundrezept Gemüse-Kartoffel-Brei

<u>Dauer:</u> 25 Minuten
<u>Alter:</u> ab dem 5. Monat

Zutaten

100 g Gemüse nach Belieben | 50 g Kartoffel | 50 ml Wasser | 2 EL Fruchtsaft frisch gepresst o. Direktsaft | 1 EL Rapsöl

Zubereitung

1. Das Gemüse waschen, ggf. schälen und klein schneiden.
2. Das Gemüse mit dem Wasser in einen Topf geben und für **10 Minuten** bei niedriger Hitze köcheln lassen, bis alles weich ist.
3. Den Saft und das Rapsöl unterrühren und pürieren.
4. Ist der Brei zu fest, dann geben Sie ruhig noch etwas Wasser dazu.

Notizen:____________________

____

____

Grundrezept Gemüse-Kartoffel-Fleisch-Brei

<u>Dauer:</u> 25 Minuten
<u>Alter:</u> ab dem 5. Monat

Zutaten

100 g Gemüse nach Belieben | 50 g Kartoffel | 30 g mageres Fleisch Kalb, Rind o. Lamm | 60 ml Wasser | 2 EL Fruchtsaft frisch gepresst o. Direktsaft | 1 EL Rapsöl

Zubereitung

1. Das Gemüse waschen, ggf. schälen und klein schneiden.
2. Das Fleisch ebenfalls waschen und klein schneiden.
3. Das Gemüse und das Fleisch mit dem Wasser in einen Topf geben und für **12 Minuten** bei niedriger Hitze köcheln lassen, bis alles weich ist.
4. Den Saft und das Rapsöl unterrühren und pürieren.
5. Ist der Brei zu fest, dann geben Sie ruhig noch etwas Wasser dazu.

Notizen:____________________

____

____

Grundrezept Gemüse-Getreide-Brei

Dauer: 25 Minuten
Alter: Lebensmittel dem Alter des Kindes anpassen

Zutaten

100 g Gemüse nach Belieben | 15 g Hirseeflocken | 100 ml Wasser | 2 EL Fruchtsaft frisch gepresst o. Direktsaft | 1 EL Rapsöl

Zubereitung

1. Das Gemüse waschen, ggf. schälen und klein schneiden.
2. Das Gemüse mit dem Wasser in einen Topf geben und für **10 Minuten** bei niedriger Hitze köcheln lassen, bis alles weich ist.
3. Den Saft und das Rapsöl unterrühren und pürieren.
4. Die Hirseflocken unterrühren und für **2 Minuten** quellen lassen.
5. Ist der Brei zu fest, dann geben Sie ruhig noch etwas Wasser dazu.

Notizen:____________________

Grundrezept Obst-Getreide-Brei

Dauer: 20 Minuten
Alter: Lebensmittel dem Alter des Kindes anpassen

Zutaten

100 g frisches Saisonobst | 15 g Vollkorngrieß, Hirseflocken, Haferflocken o. ungesüßter Zwieback | 100 ml Wasser | 1 TL Rapsöl

Zubereitung

1. Das Obst waschen, ggf. schälen und entkernen und klein schneiden.
2. Das Obst mit dem Wasser in einen Topf geben und für **5 Minuten** köcheln lassen, bis alles weich ist.
3. Das Rapsöl unterrühren und pürieren.
4. Wenn der Brei ein wenig abgekühlt ist, das ausgewählte Getreide unterrühren und für **2 Minuten** quellen lassen.
5. Ist der Brei zu fest, dann geben Sie ruhig noch etwas Wasser dazu.

Notizen:____________________

Grundrezept Halbmilch-Getreide-Brei

Dauer: 15 Minuten
Alter: Lebensmittel dem Alter des Kindes anpassen

Zutaten

25 g Dinkelgrießpulver, Weizenvollkorngrießpulver, Hirsepulver o. Haferpulver | 100 ml Vollmilch 3,5 % Fett | 100 ml Wasser | 2 EL Fruchtsaft frisch gepresst o. Direktsaft

Zubereitung

1. Die Milch und das Wasser in einen Topf geben und aufkochen lassen.
2. Die Flüssigkeit etwas abkühlen lassen und anschließend das ausgewählte Getreide einrühren und für **2 Minuten** quellen lassen.
3. Den Fruchtsaft unterrühren.
4. Ist der Brei zu fest, dann geben Sie ruhig noch etwas Wasser dazu.

Notizen:

Karotten

Dauer: 15 Minuten
Alter: um den 5./6. Monat

Zutaten

50 g Karotten | 50 ml Wasser | 1 TL Rapsöl

Zubereitung

1. Die Karotten waschen, schälen und klein schneiden.
2. Die Karotten mit dem Wasser in einen Topf geben und bei niedriger Hitze für **10 Minuten** köcheln lassen, bis alles weich ist.
3. Das Rapsöl unterrühren und pürieren.
4. Ist der Brei zu fest, dann geben Sie ruhig noch etwas Wasser dazu.

Notizen:

Pastinaken

<u>Dauer:</u> 15 Minuten
<u>Alter:</u> um den 5./6. Monat

Zutaten

50 g Pastinaken | 50 ml Wasser | 1 TL Rapsöl

Zubereitung

1. Die Pastinaken waschen, schälen und klein schneiden.
2. Die Pastinaken mit dem Wasser in einen Topf geben und für **10 Minuten** bei niedriger Hitze köcheln lassen, bis alles weich ist.
3. Das Rapsöl unterrühren und pürieren.
4. Ist der Brei zu fest, dann geben Sie ruhig noch etwas Wasser dazu.

Notizen:______________________

____

____

Zucchini

<u>Dauer:</u> 10 Minuten
<u>Alter:</u> um den 5./6. Monat

Zutaten

100 g Zucchini | 30 ml Wasser | 1 TL Rapsöl

Zubereitung

1. Die Zucchini waschen und klein schneiden.
2. Die Zucchini und das Wasser in einen Topf geben und bei niedriger Hitze für **6 Minuten** köcheln lassen, bis alles weich ist.
3. Das Rapsöl unterrühren und pürieren.
4. Ist der Brei zu fest, dann geben Sie ruhig noch etwas Wasser dazu.

Notizen:______________________

____

____

Pastinaken-Kalbfleisch

Dauer: 20 Minuten
Alter: ab dem 5. /6. Monat

Zutaten

100 g Pastinaken | 50 g Kartoffel | 30 g Kalbsfilet | 60 ml Wasser | 2 EL Apfelsaft | 1 EL Rapsöl

Zubereitung

1. Die Pastinaken und die Kartoffeln waschen, schälen und würfeln.
2. Das Fleisch waschen und ebenfalls würfeln.
3. Das Gemüse und das Fleisch mit dem Wasser in einem Topf erhitzen und für **10 Minuten** köcheln lassen, bis das Gemüse gar ist.
4. Den Apfelsaft und das Rapsöl mit zum Kochwasser geben und alles pürieren, bis eine cremige Masse entsteht.
5. Ist der Brei zu fest, dann geben Sie ruhig noch etwas Wasser dazu.

Notizen:____________________

Pastinaken-Reis-Hähnchen

Dauer: 25 Minuten
Alter: ab dem 5. /6. Monat

Zutaten

100 g Pastinaken | 50 g Reis | 30 g Bio Hähnchenbrust | 60 ml Wasser | 2 EL Apfelsaft | 1 EL Rapsöl

Zubereitung

1. Die Pastinaken waschen, schälen und würfeln.
2. Das Fleisch waschen und ebenfalls würfeln.
3. Die Pastinaken und das Fleisch mit dem Wasser in einem Topf erhitzen und für **8 Minuten** köcheln lassen, bis das Gemüse gar ist.
4. Den Reis in den Topf geben und noch für weitere **5 Minuten** köcheln lassen.
5. Den Apfelsaft und das Rapsöl mit zum Kochwasser geben und alles pürieren, bis eine cremige Masse entsteht.
6. Ist der Brei zu fest, dann geben Sie ruhig noch etwas Wasser dazu.

Notizen:____________________

Zucchini-Lachs

Dauer: 20 Minuten
Alter: ab dem 5. /6. Monat

Zutaten

100 g Zucchini | 50 g Süßkartoffeln | 30 g Lachsfilet | 70 ml Wasser | 1/4 Birne | 1 EL Rapsöl

Zubereitung

1. Die Zucchini und den Lachs waschen und klein schneiden.
2. Die Süßkartoffeln waschen, schälen und ebenfalls klein schneiden.
3. Die Birne waschen und fein reiben.
4. Das Gemüse und den Fisch mit dem Wasser in einem Topf erhitzen und für **11 Minuten** köcheln lassen, bis das Gemüse gar ist.
5. Die Birne in den Topf geben und für weitere **2 Minuten** köcheln lassen.
6. Das Rapsöl hinzugeben und alles pürieren.
7. Ist der Brei zu fest, dann geben Sie ruhig noch etwas Wasser dazu.

Notizen:____________________

Kürbis-Birne

Dauer: 20 Minuten
Alter: ab dem 5. /6. Monat

Zutaten

100 g Kürbis | 50 g Kartoffeln | 10 g Hirseflocken | 70 ml Wasser | 1/2 Birne | 1 EL Rapsöl

Zubereitung

1. Die Kartoffeln waschen, schälen und klein schneiden.
2. Den Kürbis waschen und ebenfalls klein schneiden.
3. Das Gemüse mit dem Wasser in einem Topf erhitzen und für 6 Minuten köcheln lassen, bis das Gemüse gar ist.
4. Die Birne waschen, entkernen und klein schneiden und mit in den Topf geben und für weitere **2 Minuten** mitdünsten lassen.
5. Ist das Gemüse und das Obst weich, können die Hirseflocken in den Topf gegeben werden und für **1 Minute** mit garen.
6. Das Rapsöl unterheben und alles pürieren.
7. Ist der Brei zu fest, dann geben Sie ruhig noch etwas Wasser dazu.

Notizen:____________________

Kürbis-Süßkartoffel

Dauer: 20 Minuten
Alter: ab dem 5. /6. Monat

Zutaten

50 g Kürbis | 50 g Kartoffeln | 50 g Süßkartoffeln | 60 ml Wasser | 2 EL Fruchtsaft | 1 EL zarte Haferflocken | 1 EL Rapsöl

Zubereitung

1. Den Kürbis waschen und klein schneiden.
2. Die Kartoffeln und die Süßkartoffeln waschen, schälen und ebenfalls klein schneiden.
3. Das Gemüse mit dem Wasser in einem Topf erhitzen und für **11 Minuten** köcheln lassen, bis das Gemüse weich ist.
4. Die Haferflocken dazugeben und bei ausgeschalteter Herdplatte für **2 Minuten** quellen lassen.
5. Den Fruchtsaft und das Rapsöl unterheben und alles pürieren.
6. Ist der Brei zu fest, dann geben Sie ruhig noch etwas Wasser dazu.

Notizen:____________________

Karotten-Pastinake

Dauer: 20 Minuten
Alter: ab dem 5. /6. Monat

Zutaten

70 g Karotten | 50 g Kartoffeln | 30 g Pastinaken | 10 g Hirseflocken | 70 ml Wasser | 3 EL Fruchtsaft | 1 EL Rapsöl

Zubereitung

1. Das Gemüse waschen, schälen und klein schneiden.
2. Das Gemüse mit dem Wasser in einem Topf erhitzen und für **10 Minuten** mit geschlossenem Deckel köcheln lassen, bis das Gemüse weich ist.
3. Die Hirseflocken dazugeben und für weitere **5 Minuten** köcheln lassen.
4. Den Saft und das Rapsöl unterheben und alles pürieren.
5. Ist der Brei zu fest, dann geben Sie ruhig noch etwas Wasser dazu.

Notizen:____________________

Zucchini-Avocado

Dauer: 25 Minuten
Alter: ab dem 5. /6. Monat

Zutaten

100 g Zucchini | 25 g Reis | 60 ml Wasser | 1/4 Avocado | 3 EL Apfelsaft | 1 EL Hirseflocken

Zubereitung

1. Die Zucchini waschen und klein schneiden.
2. Die Zucchini mit dem Wasser in einem Topf erhitzen und für **7 Minuten** köcheln lassen.
3. Den Reis und die Hirseflocken dazugeben und für weitere **5 Minuten** köcheln lassen.
4. Das Fruchtfleisch der Avocado von der Schale lösen und mit dem Apfelsaft in den Topf geben und alles pürieren.
5. Ist der Brei zu fest, dann geben Sie ruhig noch etwas Wasser dazu.

Notizen:____________________

____

____

Zucchini-Kartoffel

Dauer: 25 Minuten
Alter: ab dem 5. /6. Monat

Zutaten

100 g Zucchini | 50 g Kartoffeln | 10 g zarte Haferflocken | 60 ml Wasser | 2 EL Fruchtsaft | 1 EL Rapsöl

Zubereitung

1. Die Zucchini waschen und klein schneiden.
2. Die Kartoffeln waschen, schälen und ebenfalls klein schneiden.
3. Das Gemüse mit dem Wasser in einem Topf erhitzen und für **10 Minuten** köcheln lassen.
4. Die Haferflocken unterheben und für weitere **5 Minuten** mit garen lassen.
5. Den Saft und das Rapsöl unterrühren und alles pürieren.
6. Ist der Brei zu fest, dann geben Sie ruhig noch etwas Wasser dazu.

Notizen:____________________

____

____

Apfelmus

Dauer: 10 Minuten
Alter: ab dem 5. /6. Monat

Zutaten

100 g Apfel | 30 ml Wasser

Zubereitung

1. Den Apfel waschen, schälen und klein schneiden.
2. Die Apfelstücke mit dem Wasser in einen Topf geben und für **5 Minuten** bei niedriger Hitze weich kochen und anschließend pürieren.
3. Ist der Brei zu fest, dann geben Sie ruhig noch etwas Wasser dazu.

Notizen:____________________

Bananen-Brombeer-Mus

Dauer: 15 Minuten
Alter: ab dem 5. /6. Monat

Zutaten

100 g Brombeeren | 1/2 Banane | 30 ml Wasser

Zubereitung

1. Die Brombeeren waschen und mit dem Wasser in einen Topf geben und bei niedriger Hitze für **7 Minuten** köcheln lassen.
2. Die Banane schälen, klein schneiden und zu den Brombeeren geben, anschließend alles pürieren.
3. Ist der Brei zu fest, dann geben Sie ruhig noch etwas Wasser dazu.

Notizen:____________________

Karotten-Fenchel

Dauer: 20 Minuten
Alter: ab dem 7. /8. Monat

Zutaten

50 g Karotten | 50 g Fenchel | 50 g Kartoffeln | 10 g Hirseflocken | 70 ml Wasser | 1 EL Orangensaft | 1 EL Rapsöl

Zubereitung

1. Den Fenchel waschen und klein schneiden.
2. Die Karotten und die Kartoffeln waschen, schälen und ebenfalls klein schneiden.
3. Das Gemüse mit dem Wasser in einem Topf erhitzen und für **10 Minuten** bei geschlossenem Deckel köcheln lassen.
4. Die Hirseflocken dazugeben und bei ausgeschalteter Herdplatte für **2 Minuten** mit garen lassen.
5. Den Saft und das Rapsöl unterheben und alles pürieren.
6. Ist der Brei zu fest, dann geben Sie ruhig noch etwas Wasser dazu.

Notizen:____________________

____

____

Apfelmus-Hirse

Dauer: 15 Minuten
Alter: ab dem 7. /8. Monat

Zutaten

100 g Bio Apfelmus | 20 g Hirseflocken | 100 ml Wasser | 1 TL Rapsöl

Zubereitung

1. Das Wasser und die Hirseflocken in einen Topf geben und aufkochen lassen und vom Herd nehmen, anschließend die Flocken für **3 Minuten** quellen lassen.
2. Den Apfelmus und das Rapsöl unterheben.

Notizen:____________________

____

____

Kürbis-Apfel

Dauer: 25 Minuten
Alter: ab dem 7. /8. Monat

Zutaten

50 g Kürbis | 50 g Apfel | 20 g feine Dinkelflocken | 125 ml Wasser | 1 TL Rapsöl

Zubereitung

1. Den Kürbis und den Apfel waschen und klein schneiden.
2. Den Kürbis und den Apfel mit dem Wasser in einen Topf geben und für **9 Minuten** köcheln lassen, bis alles weich ist.
3. Die Dinkelflocken in den Topf geben und für **2 Minuten** quellen lassen.
4. Das Rapsöl unterheben und alles pürieren.
5. Ist der Brei zu fest, dann geben Sie ruhig noch etwas Wasser dazu.

Notizen:____________________

Banane-Aprikose

Dauer: 20 Minuten
Alter: ab dem 7. /8. Monat

Zutaten

2 Aprikosen | 1/4 Banane | 20 g zarte Haferflocken | 100 ml Wasser | 1 TL Rapsöl

Zubereitung

1. Die Aprikosen waschen, entkernen und etwas klein schneiden.
2. Die Aprikosen mit dem Wasser in einen Topf geben, aufkochen lassen und für **2 Minuten** bei niedriger Hitze köcheln lassen.
3. Die Haferflocken dazugeben, den Herd ausschalten und für **2 Minuten** quellen lassen.
4. Die Banane schälen und klein schneiden und mit dem Rapsöl in den Topf geben und alles pürieren.
5. Ist der Brei zu fest, dann geben Sie ruhig noch etwas Wasser dazu.

Notizen:____________________

Heidelbeeren-Reisflocken

Dauer: 10 Minuten
Alter: ab dem 7. /8. Monat

Zutaten

100 g Heidelbeeren | 20 g Reisflocken | 100 ml Wasser | 1 TL Rapsöl

Zubereitung

1. Die Reisflocken mit dem Wasser in einen Topf geben und aufkochen lassen, die Hitze reduzieren und die Heidelbeeren für **2 Minuten** mitköcheln lassen.
2. Das Rapsöl unterrühren und pürieren.
3. Ist der Brei zu fest, dann geben Sie ruhig noch etwas Wasser dazu.

Notizen:____________________

Banane-Mango-Dinkel

Dauer: 10 Minuten
Alter: ab dem 7. /8. Monat

Zutaten

50 g Banane | 50 g Mango | 20 g feine Dinkelflocken | 100 ml Wasser | 1 TL Rapsöl

Zubereitung

1. Die Dinkelflocken mit dem Wasser in einen Topf geben, aufkochen lassen und bei niedriger Hitze **2 Minuten** köcheln lassen, bis ein Brei entsteht.
2. Die Banane und die Mango schälen und in kleine Stücke schneiden.
3. Das Obst und das Rapsöl zum Brei geben und pürieren.
4. Ist der Brei zu fest, dann geben Sie ruhig noch etwas Wasser dazu.

Notizen:____________________

Apfel-Birne-Grieß

Dauer: 15 Minuten
Alter: ab dem 7. /8. Monat

Zutaten

50 g Apfel | 50 g Birne | 20 g Vollkorngrieß | 100 ml Wasser | 1 TL Rapsöl

Zubereitung

1. Den Apfel und die Birne waschen, ggf. schälen und mit einer Reibe fein reiben.
2. Das Wasser in einem Topf zum Kochen bringen und den Grieß einrühren, anschließend das Obst dazugeben und für **2 Minuten** bei niedriger Hitze köcheln lassen.
3. Das Rapsöl unterrühren und nach Bedarf pürieren.
4. Ist der Brei zu fest, dann geben Sie ruhig noch etwas Wasser dazu.

Notizen:____________________

____

____

Apfel-Reisbrei

Dauer: 15 Minuten
Alter: ab dem 7. /8. Monat

Zutaten

½ Apfel | 20 g Reisflocken | 100 ml Wasser | 1 TL Rapsöl

Zubereitung

1. Die Reisflocken und das Wasser in einen Topf geben und aufkochen lassen, die Herdplatte ausstellen und die Reisflocken für **2 Minuten** quellen lassen.
2. Den Apfel waschen, ggf. schälen und mit einer Reibe fein reiben.
3. Das Obst und das Rapsöl unter den Brei rühren, bei Bedarf pürieren.
4. Ist der Brei zu fest, dann geben Sie ruhig noch etwas Wasser dazu.

Notizen:____________________

____

____

Nektarinen-Grieß

Dauer: 25 Minuten
Alter: ab dem 7. /8. Monat

Zutaten

100 g Nektarinen | 20 g Dinkelvollkorngrieß | 100 ml Wasser | 1 TL Rapsöl

Zubereitung

1. Das Wasser in einem Topf zum Kochen bringen und den Grieß unterrühren, anschließend die Herdplatte ausstellen und den Grieß für **2 Minuten** quellen lassen.
2. Die Nektarinen waschen und klein schneiden.
3. Das Obst und das Rapsöl unter den Brei heben und pürieren.
4. Ist der Brei zu fest, dann geben Sie ruhig noch etwas Wasser dazu.

Notizen:____________________

Sellerie-Pute

Dauer: 25 Minuten
Alter: ab dem 7. /8. Monat

Zutaten

100 g Knollensellerie | 50 g Kartoffeln | 30 g Putenbrust | 70 ml Wasser | 1/4 Apfel | 1 EL Rapsöl

Zubereitung

1. Den Sellerie und die Kartoffeln waschen, schälen und klein schneiden.
2. Die Putenbrust waschen und klein schneiden.
3. Das Gemüse und das Fleisch mit dem Wasser in einen Topf geben und für **10 Minuten** köcheln lassen.
4. Den Apfel waschen, entkernen und klein schneiden.
5. Den Apfel in den Topf geben und für **2 Minuten** mitköcheln lassen.
6. Das Rapsöl unterrühren und pürieren.
7. Ist der Brei zu fest, dann geben Sie ruhig noch etwas Wasser dazu.

Notizen:____________________

Brokkoli-Hähnchen

Dauer: 30 Minuten
Alter: ab dem 7. /8. Monat

Zutaten

50 g Brokkoli | 50 g Kartoffeln | 50 g Mais (TK) | 30 g Hähnchenbrust | 60 ml Wasser | 2 EL Fruchtsaft | 1 EL Rapsöl

Zubereitung

1. Den Brokkoli waschen und die Röschen abschneiden.
2. Die Kartoffeln waschen, schälen und klein schneiden.
3. Die Hähnchenbrust ebenfalls waschen und klein schneiden.
4. Die Kartoffeln und das Hähnchen mit dem Wasser in einen Topf geben und aufkochen lassen, anschließend bei niedriger Hitze mit geschlossenem Deckel für **5 Minuten** köcheln lassen.
5. Den Brokkoli dazugeben und für weitere **5 Minuten** köcheln lassen.
6. Den Mais dazugeben und noch einmal für weitere **5 Minuten** köcheln lassen, bis das Gemüse weich ist.
7. Den Saft und das Rapsöl unterrühren und pürieren.
8. Ist der Brei zu fest, dann geben Sie ruhig noch etwas Wasser dazu.

Notizen:______________________

____

____

Zucchini-Sellerie-Hähnchen

Dauer: 25 Minuten
Alter: ab dem 7. /8. Monat

Zutaten

50 g Zucchini | 50 g Staudensellerie | 50 g Kartoffeln | 30 g Hähnchenbrust | 60 ml Wasser | 3 EL Apfelsaft | 1 EL Rapsöl

Zubereitung

1. Die Zucchini waschen und klein schneiden.
2. Den Sellerie und die Kartoffeln waschen, schälen und klein schneiden.
3. Die Hähnchenbrust ebenfalls waschen und klein schneiden.
4. Das Gemüse und das Fleisch mit dem Wasser in einen Topf geben und aufkochen lassen, anschließend bei niedriger Hitze für **12 Minuten** köcheln lassen.
5. Den Saft und das Rapsöl unterrühren und pürieren.
6. Ist der Brei zu fest, dann geben Sie ruhig noch etwas Wasser dazu.

Notizen:______________________

____

____

Brokkoli-Fenchel-Pute

<u>Dauer:</u> 25 Minuten
<u>Alter:</u> ab dem 7. /8. Monat

Zutaten

50 g Brokkoli | 50 g Fenchel | 30 g Putenschitzel | 25 g Reis | 60 ml Wasser | 3 EL Fruchtsaft | 1 EL Rapsöl

Zubereitung

1. Den Reis nach Packungsangabe kochen.
2. Den Fenchel und den Brokkoli waschen und klein schneiden.
3. Das Putenschnitzel ebenfalls waschen und klein schneiden.
4. Das Gemüse und das Fleisch mit dem Wasser in einen Topf geben, aufkochen lassen und anschließend bei niedriger Hitze für **10 Minuten** köcheln lassen.
5. Den gekochten Reis dazugeben und für weitere **5 Minuten** köcheln lassen.
6. Den Saft und das Rapsöl unterrühren und pürieren.
7. Ist der Brei zu fest, dann geben Sie ruhig noch etwas Wasser dazu.

Notizen:____________________

Karotten-Nudeln-Hackfleisch

<u>Dauer:</u> 25 Minuten
<u>Alter:</u> ab dem 7. /8. Monat

Zutaten

100 g Karotten | 30 g Rinderhackfleisch | 25 g Vollkornnudeln | 50 ml Wasser | 3 EL Fruchtsaft | 1 EL Rapsöl

Zubereitung

1. Die Nudeln nach Packungsangabe kochen.
2. Die Karotten waschen, schälen und klein schneiden.
3. Das Öl in einen Topf geben und das Fleisch darin andünsten. Das Fleisch <u>nicht</u> scharf anbraten!
4. Die Karotten mit dem Wasser in den Topf geben und mit geschlossenem Deckel für **10 Minuten** köcheln lassen.
5. Die Nudeln dazugeben und für weitere **5 Minuten** köcheln lassen.
6. Den Saft unterrühren und pürieren.
7. Ist der Brei zu fest, dann geben Sie ruhig noch etwas Wasser dazu.

Notizen:____________________

Pastinake-Fenchel-Hähnchen

Dauer: 25 Minuten
Alter: ab dem 7. /8. Monat

Zutaten

50 g Pastinaken | 50 g Fenchel | 50 g Kartoffeln | 30 g Hähnchenbrust | 60 ml Wasser | 1/4 Apfel | 1 EL Rapsöl

Zubereitung

1. Den Fenchel und die Hähnchenbrust waschen und klein schneiden.
2. Die Pastinaken und die Kartoffeln waschen, schälen und klein schneiden.
3. Das Gemüse und das Fleisch mit dem Wasser in einen Topf geben und zum Kochen bringen, anschließend bei niedriger Hitze für **10 Minuten** köcheln lassen.
4. Den Apfel waschen und klein schneiden und für **5 Minuten** mitköcheln lassen.
5. Das Rapsöl unterrühren und pürieren.
6. Ist der Brei zu fest, dann geben Sie ruhig noch etwas Wasser dazu.

Notizen:____________________

Karotten-Kohlrabi-Seelachs

Dauer: 25 Minuten
Alter: ab dem 7. /8. Monat

Zutaten

50 g Karotten | 50 g Kohlrabi | 50 g Seelachsfilet | 25 g Reis | 60 ml Wasser | 2 EL Fruchtsaft | 1 EL Rapsöl

Zubereitung

1. Den Reis nach Packungsangabe kochen.
2. Die Karotten und den Kohlrabi waschen, schälen und klein schneiden.
3. Das Seelachsfilet ebenfalls waschen und klein schneiden.
4. Das Gemüse mit dem Wasser in einen Topf geben und **6 Minuten** bei niedriger Hitze köcheln lassen.
5. Den Fisch dazugeben und für weitere **5 Minuten** köcheln lassen, bis das Gemüse weich ist.
6. Den Reis dazugeben und noch einmal **2 Minuten** leicht köcheln lassen.
7. Den Saft und das Rapsöl unterrühren und pürieren.
8. Ist der Brei zu fest, dann geben Sie ruhig noch etwas Wasser dazu.

Notizen:____________________

Brokkoli-Seelachs

Dauer: 20 Minuten
Alter: ab dem 7. /8. Monat

Zutaten

100 g Brokkoli | 50 g Kartoffeln | 30 g Seelachsfilet | 60 ml Wasser | 3 EL Orangensaft | 1 EL Rapsöl

Zubereitung

1. Den Brokkoli waschen und in Röschen zerteilen.
2. Die Kartoffeln waschen, schälen und klein schneiden.
3. Den Fisch ebenfalls waschen und klein schneiden.
4. Das Gemüse und den Fisch mit dem Wasser in einen Topf geben und mit geschlossenem Deckel für **12 Minuten** köcheln lassen.
5. Den Saft und das Rapsöl unterrühren und pürieren.
6. Ist der Brei zu fest, dann geben Sie ruhig noch etwas Wasser dazu.

Notizen:____________________

____

____

Brokkoli-Nudeln-Lachs

Dauer: 25 Minuten
Alter: ab dem 7. /8. Monat

Zutaten

100 g Brokkoli | 30 g Lachsfilet | 25 g Vollkornnudeln | 60 ml Wasser | 2 EL Fruchtsaft | 1 EL Rapsöl

Zubereitung

1. Die Nudeln nach Packungsangabe kochen.
2. Den Brokkoli waschen und in Röschen zerteilen.
3. Den Lachs ebenfalls waschen und klein schneiden.
4. Das Gemüse und den Fisch mit dem Wasser in einen Topf geben und mit geschlossenem Deckel für **10 Minuten** köcheln lassen.
5. Die gekochten Nudeln dazu geben und für weitere **2 Minuten** köcheln lassen.
6. Den Saft und das Rapsöl unterrühren und pürieren.
7. Ist der Brei zu fest, dann geben Sie ruhig noch etwas Wasser dazu.

Notizen:____________________

____

____

Süßkartoffel-Blumenkohl

Dauer: 25 Minuten
Alter: ab dem 7. /8. Monat

Zutaten

50 g Süßkartoffeln | 50 g Blumenkohl | 50 g Kartoffeln | 10 g Dinkelflocken | 70 ml Wasser | 1 EL Rapsöl

Zubereitung

1. Die Süßkartoffeln und die Kartoffeln waschen, schälen und klein schneiden.
2. Den Blumenkohl waschen und klein schneiden.
3. Das Gemüse mit dem Wasser in einen Topf geben und mit geschlossenem Deckel für **12 Minuten** köcheln lassen.
4. Die Dinkelflocken dazugeben und für weitere **2 Minuten** köcheln lassen.
5. Das Rapsöl unterrühren und pürieren.
6. Ist der Brei zu fest, dann geben Sie ruhig noch etwas Wasser dazu.

Notizen:____________________

Suppengemüse

Dauer: 25 Minuten
Alter: ab dem 7. /8. Monat

Zutaten

100 g Suppengemüse | 50 g Kartoffeln | 70 ml Wasser | 1 EL Haferflocken | 2 EL Apfelsaft | 1 EL Rapsöl

Zubereitung

1. Das Gemüse waschen, schälen und klein schneiden.
2. Das Gemüse mit dem Wasser in einen Topf geben, aufkochen lassen und anschließend bei niedriger Hitze für **12 Minuten** köcheln lassen.
3. Den Herd ausstellen und die Haferflocken dazugeben und für weitere **2 Minuten** quellen lassen.
4. Den Saft und das Rapsöl unterrühren und pürieren.
5. Ist der Brei zu fest, dann geben Sie ruhig noch etwas Wasser dazu.

Notizen:____________________

Blumenkohl-Kartoffel

Dauer: 20 Minuten
Alter: ab dem 7. /8. Monat

Zutaten

100 g Blumenkohl | 50 g Kartoffeln | 70 ml Wasser | 2 EL Fruchtsaft | 1 EL Haferflocken | 1 EL Rapsöl

Zubereitung

1. Den Blumenkohl waschen und klein schneiden.
2. Die Kartoffeln waschen, schälen und klein schneiden.
3. Das Gemüse mit dem Wasser in einen Topf geben und mit geschlossenem Deckel für **12 Minuten** köcheln lassen, bis das Gemüse weich ist.
4. Die Haferflocken dazugeben und für weitere **2 Minuten** köcheln lassen.
5. Den Saft und das Rapsöl unterrühren und pürieren.
6. Ist der Brei zu fest, dann geben Sie ruhig noch etwas Wasser dazu.

Notizen:____________________

Karotten-Kohlrabi

Dauer: 25 Minuten
Alter: ab dem 7. /8. Monat

Zutaten

50 g Karotten | 50 g Kohlrabi | 50 g Kartoffeln | 10 g Dinkelflocken | 70 ml Wasser | 2 EL Apfelsaft | 1 EL Rapsöl

Zubereitung

1. Das Gemüse waschen, schälen und klein schneiden.
2. Das Gemüse mit dem Wasser in einen Topf geben und mit geschlossenem Deckel für **12 Minuten** köcheln lassen, bis das Gemüse weich ist.
3. Die Dinkelflocken **2 Minuten** vor Ende der Garzeit dazugeben und quellen lassen.
4. Den Saft und das Rapsöl unterrühren und pürieren.
5. Ist der Brei zu fest, dann geben Sie ruhig noch etwas Wasser dazu.

Notizen:____________________

Kürbis-Linsen

<u>Dauer:</u> 30 Minuten
<u>Alter:</u> ab dem 9. /10 Monat

Zutaten

100 g Kürbis | 75 g Kartoffeln | 20 g rote Linsen | 80 ml Wasser | 2 EL Orangensaft | 1 EL Rapsöl

Zubereitung

1. Die Linsen gründlich waschen und mit dem Wasser in einen Topf geben und aufkochen lassen, anschließend für **5 Minuten** leicht köcheln lassen.
2. Den Kürbis waschen und klein schneiden.
3. Die Kartoffeln waschen, schälen und klein schneiden.
4. Das Gemüse zu den Linsen geben und für weitere **15 Minuten** köcheln lassen, bis alles weich ist.
5. Den Saft und das Rapsöl dazugeben und pürieren.
6. Ist der Brei zu fest, dann geben Sie ruhig noch etwas Wasser dazu.

Notizen:

Zucchini-Kichererbsen

<u>Dauer:</u> 25 Minuten
<u>Alter:</u> ab dem 9. /10 Monat

Zutaten

100 g Zucchini | 50 g Kartoffeln | 60 ml Wasser | 2 EL gekochte Kichererbsen | 2 EL Apfelsaft | 1 EL Rapsöl

Zubereitung

1. Die Zucchini waschen und klein schneiden.
2. Die Kartoffeln waschen, schälen und klein schneiden.
3. Das Gemüse mit dem Wasser in einen Topf geben und für **8 Minuten** köcheln lassen.
4. Die Kichererbsen dazugeben und für weitere **5 Minuten** köcheln lassen.
5. Den Saft und das Rapsöl unterrühren und pürieren.
6. Ist der Brei zu fest, dann geben Sie ruhig noch etwas Wasser dazu.

Notizen:

Spinat-Lachs

Dauer: 25 Minuten
Alter: ab dem 9. /10 Monat

Zutaten

50 g Spinat (TK) | 50 g Kartoffeln | 50 g Zucchini | 30 g Lachs | 60 ml Wasser | 2 EL Fruchtsaft | 1 EL Rapsöl

Zubereitung

1. Den gefrorenen Spinat mit dem Wasser in einen Topf geben und bei niedriger Hitze auftauen lassen.
2. Die Kartoffeln waschen, schälen und klein schneiden.
3. Die Zucchini und den Lachs waschen und schälen.
4. Das Gemüse in den Topf geben und für **8 Minuten** köcheln lassen.
5. Den Lachs dazugeben und für weitere **6 Minuten** köcheln lassen, bis alles gar ist.
6. Den Saft und das Rapsöl unterrühren und pürieren.
7. Ist der Brei zu fest, dann geben Sie ruhig noch etwas Wasser dazu.

Notizen:____________________

Erbsen-Hirseflocken

Dauer: 25 Minuten
Alter: ab dem 9. /10 Monat

Zutaten

100 g Erbsen (TK) | 50 g Kartoffeln | 10 g Hirseflocken | 70 ml Wasser | 2 EL Fruchtsaft | 1 EL Rapsöl

Zubereitung

1. Die Kartoffeln waschen, schälen und klein schneiden.
2. Die Kartoffeln und die gefrorenen Erbsen mit dem Wasser in einen Topf geben und mit geschlossenem Deckel für **12 Minuten** köcheln lassen.
3. Die Herdplatte ausschalten, die Hirseflocken unterrühren und für **2 Minuten** quellen lassen.
4. Den Saft und das Rapsöl unterrühren und pürieren.
5. Ist der Brei zu fest, dann geben Sie ruhig noch etwas Wasser dazu.

Notizen:____________________

Pfirsich-Erdbeere

Dauer: 15 Minuten
Alter: ab dem 9. /10 Monat

Zutaten

50 g Pfirsich | 50 g Erdbeeren | 20 g Vollkorngrieß | 100 ml Wasser | 1 TL Rapsöl

Zubereitung

1. Das Wasser in einen Topf geben und aufkochen lassen, anschließend den Grieß einrühren und den Herd ausstellen und für **2 Minuten** quellen lassen.
2. Die Pfirsiche und die Erdbeeren gründlich waschen und klein schneiden.
3. Das Obst und das Rapsöl unterheben und pürieren.
4. Ist der Brei zu fest, dann geben Sie ruhig noch etwas Wasser dazu.

Notizen:

Banane-Himbeere

Dauer: 15 Minuten
Alter: ab dem 9. /10 Monat

Zutaten

50 g Banane | 50 g Himbeeren | 20 g zarte Vollkornhaferflocken | 100 ml Wasser | 1 TL Rapsöl

Zubereitung

1. Das Wasser in einen Topf geben und aufkochen lassen, die Haferflocken dazugeben und bei niedriger Hitze für **2 Minuten** köcheln lassen.
2. Die Banane schälen und klein schneiden.
3. Die Himbeeren waschen.
4. Das Obst und das Rapsöl unterrühren und pürieren.
5. Ist der Brei zu fest, dann geben Sie ruhig noch etwas Wasser dazu.

Notizen:

Melone-Erdbeere-Zwieback

Dauer: 10 Minuten
Alter: ab dem 9. /10 Monat

Zutaten

60 g Honigmelone | 40 g Erdeeren | 50 ml Wasser | 1 ½ Stück Zwieback ohne Zucker | 1 TL Rapsöl

Zubereitung

1. Die Schale von der Melone entfernen und das Fruchtfleisch klein schneiden.
2. Die Erdbeeren waschen und ebenfalls klein schneiden.
3. Das Obst pürieren.
4. Den Zwieback grob zerkleinern und in Wasser einweichen, anschließend mit einer Gabel zerdrücken.
5. Das Obstpüree und das Rapsöl unterrühren.

Notizen:____________________

Kürbis-Couscous-Lamm

Dauer: 20 Minuten
Alter: ab dem 10. Monat

Zutaten

100 g Kürbis | 30 g Lammfilet | 25 g Couscous | 60 ml Wasser | 1 Pflaume | 1 EL Rapsöl

Zubereitung

1. Den Couscous nach Packungsangabe kochen.
2. Den Kürbis und das Lammfilet waschen und klein schneiden.
3. Die Pflaume waschen, entkernen und ebenfalls klein schneiden.
4. Das Gemüse und das Fleisch mit dem Wasser in einen Topf geben und bei niedriger Hitze für **8 Minuten** köcheln lassen.
5. Die Pflaume dazugeben und köcheln lassen, bis alles weich ist.
6. Das Rapsöl unterrühren und pürieren, dann den Couscous dazugeben.
7. Ist der Brei zu fest, dann geben Sie ruhig noch etwas Wasser dazu.

Notizen:____________________

Spargel-Rindfleisch

Dauer: 25 Minuten
Alter: ab dem 10. Monat

Zutaten

50 g weißer Spargel | 50 g Kartoffeln | 50 g Zucchini | 30 g mageres Rindfleisch | 60 ml Wasser | 2 EL Fruchtsaft | 1 EL Rapsöl

Zubereitung

1. Den Spargel und die Kartoffeln waschen, schälen und klein schneiden.
2. Die Zucchini ebenfalls waschen und klein schneiden.
3. Das Gemüse und das Fleisch mit dem Wasser in einen Topf geben und mit geschlossenem Deckel für **12 Minuten** köcheln lassen.
4. Den Saft und das Rapsöl unterrühren und pürieren.
5. Ist der Brei zu fest, dann geben Sie ruhig noch etwas Wasser dazu.

Notizen:____________________

Brokkoli-Ei

Dauer: 20 Minuten
Alter: ab dem 10. Monat

Zutaten

100 g Brokkoli | 50 g Kartoffeln | 60 ml Wasser | 1/2 Ei | 2 EL Apfelsaft | 1 EL Rapsöl

Zubereitung

1. Das Ei mit etwas Wasser in einen Topf geben und hart kochen lassen oder in einem Eierkochen garen.
2. Die Kartoffeln waschen, schälen und klein schneiden.
3. Den Brokkoli waschen und in Röschen schneiden.
4. Das Gemüse mit dem Wasser in einen Topf geben und bei niedriger Hitze für **12 Minuten** köcheln lassen.
5. Das Ei pellen, klein schneiden und unter das Gemüse rühren.
6. Den Saft und das Rapsöl unterrühren und pürieren.
7. Ist der Brei zu fest, dann geben Sie ruhig noch etwas Wasser dazu.

Notizen:____________________

Kürbis-Vollkornnudel

Dauer: 25 Minuten
Alter: ab dem 10. Monat

Zutaten

100 g Kürbis | 35 g Vollkornnudeln | 2 EL Orangensaft | 1 EL Rapsöl | 1 TL Frischkäse Natur

Zubereitung

1. Die Nudeln nach Packungsangabe kochen.
2. Den Kürbis waschen und klein schneiden.
3. Den Kürbis mit dem Wasser in einen Topf geben und für **10 Minuten** köcheln lassen, bis der Kürbis weich ist.
4. Den Saft, das Rapsöl und den Frischkäse unterrühren und pürieren.
5. Ist der Brei zu fest, dann geben Sie ruhig noch etwas Wasser dazu.

Notizen:____________________

Bananenbrot

Dauer: 60 Minuten
Alter: ab dem 10. Monat

Zutaten

200 g Dinkelmehl Type 1050 | 100 g Dinkelvollkornmehl Type 1050 | 50 g Kokosflocken | 60 ml Milch | 50 ml Rapsöl | 3 reife Bananen | 2 Eier | 1 Pck. Weinstein-Backpulver

Zubereitung

1. Die Bananen schälen, in eine Schüssel geben und mit einer Gabel zerdrücken, anschließend die Eier dazugeben und alles gut miteinander vermengen.
2. Das Mehl mit Backpulver vermengen.
3. Das Öl mit der Milch vermengen, dann abwechselnd die trocknen Zutaten und etwas von der Öl-Milch-Mischung zur der Bananen-Ei-Mischung geben und alles gut mit einem Handrührgerät verkneten.
4. Die Kokosflocken unter den Teig heben.
5. Eine Kastenform mit Backpapier auslegen und den Teig hineingeben.
6. Den Backofen auf 175 Grad Ober- und Unterhitze vorheizen und das Brot für **50 Minuten** in den Backofen geben.
7. Das Brot nach der Backzeit auf einem Kuchenrost auskühlen lassen.

Notizen:____________________

Einführung von fester Nahrung: Tipps und Tricks für einen reibungslosen Übergang

Die meisten Eltern gehen davon aus, der Übergang von Milch zu Brei sei für Babys die größte Hürde. In manchen Fällen kann dies auch zustimmen, denn die Säuglinge müssen lernen, dickflüssigere Nahrung herunterzuschlucken und auch die Gewöhnung an die verschiedenen Geschmäcke verläuft nicht immer ganz reibungslos. Nicht weniger wichtig ist jedoch, den Übergang von Brei zu fester Nahrung richtig zu gestalten und das Kind bei seinem Lernprozess zu begleiten. Dabei kommen verschiedene Hürden auf Sie als Eltern zu. In diesem Kapitel möchte ich Sie auf die unterschiedlichsten Probleme hinweisen und Ihnen erklären, wie Sie diese mit den richtigen Tricks umgehen können.

Grundsätzlich beginnen Kinder ab dem Vollenden des ersten Lebensjahrs damit, sich immer mehr für die Speisen der Eltern zu interessieren. Da sie schon sehr sicher sitzen können und auch zu denselben Uhrzeiten ihre Mahlzeiten einnehmen, wie die Eltern, schauen sie immer neugieriger auf deren Teller und möchten am liebsten etwas abhaben von dem leckeren Nudelgericht der Mutter oder dem belegten Brot des Vaters. Sie sollten stets versuchen, den Übergang vom Brei zu der festen Nahrung möglichst geschmeidig zu gestalten. Lassen Sie sich dabei jedoch nicht verunsichern, wenn an einem Tag einmal alles auf einen Rückschritt deutet. Dies ist ganz normal, auch Sie verspüren nicht jeden Tag den gleichen Appetit und es gibt Tage, an denen Sie nur essen, um Nahrung zu sich zu nehmen und dabei keinerlei Genuss verspüren. Ihrem Kind geht es ganz ähnlich. Darüber hinaus hat es in diesem Alter noch mit den Zähnchen zu kämpfen, welche die Mundgegend zusätzlich sensibilisieren. Es kann also passieren, dass Ihr Kind an einem Tag noch sehr gut mitmacht und am nächsten weitaus weniger essen möchte. Versuchen Sie immer, die Anzeichen richtig zu deuten, das erspart Ihnen und Ihrem Kind sehr viel Stress. Denn es kann durchaus frustrierend sein, wenn Sie sich mit der Zubereitung des Essens extra viel Mühe gegeben haben und Ihr Kleines die Nahrungsaufnahme komplett verweigert.

Vor dem Vollenden des ersten Lebensjahres sind viele Kinder bereits an dem Essen der Eltern interessiert. Sie können jedoch mit groben Essensstücken noch nicht so gut umgehen, weshalb eine hohe Gefahr besteht, dass sich das Kind beim Essen verschluckt. Probieren Sie deshalb, Ihrem Kind Lebensmittel anzubieten, von welchen es keine großen Stücke abbrechen oder –beißen kann. Ein Zwieback oder Stück Brot eignen sich jedoch hervorragend, da Ihr Kind an ihnen lutschen kann und sich bereits sehr selbständig dabei fühlt. Einige Kinder haben überhaupt kein Problem mit der Gewöhnung an das gemeinsame Familienessen, sodass die Eltern diesen Schritt gar nicht bewusst wahrnehmen. Andere Kinder hingegen tun sich schwer und brauchen einen längeren Zeitraum, um sich an die neue Zubereitung der Gerichte zu gewöhnen.

Das Kind würgt und weigert sich, Essen herunterzuschlucken: Zu Anfang der Umstellungsphase ist es für das kleine Kind noch sehr ungewohnt, plötzlich keinen Brei, sondern grobe Stücke im Mund zu haben. Die Zähne sind in vielen Fällen noch nicht alle da, Backenzähne zum Zerkleinern der Nahrungsmittel fehlen noch, sodass die Lebensmittel nicht richtig zerkaut werden können. Darüber hinaus bleiben einige Nahrungsmittel, wie Brot oder Nudeln, am Gaumen des Kindes kleben und aktivieren den Würgereiz des Kleinen. Es kann helfen, diese Nahrungsmittel zu Anfang noch grob zu pürieren oder mit einer Gabel zu zerdrücken, damit das Baby keine Beschwerden hat. Als Eltern haben Sie meist ein recht gutes Gespür dafür, ob Ihr Kind noch nicht in der Lage ist, diese Lebensmittel ausreichend zu zerkleinern oder ob es sich nur nicht auf das Essen konzentriert. Ist letzteres der Fall, so können Sie es zur Konzentration auffordern. Versuchen Sie, ablenkende Geräusche, Musik oder den Fernseher im Hintergrund abzuschalten, damit Ihr Kind sich auf das gemeinsame Einnehmen der Mahlzeit konzentriert.

Das Kind kaut nicht, sondern schluckt das Essen in großen Stücken hinunter: Auf den ersten Blick liegt in diesem Fall kein Problem vor, denn Ihr Kind nimmt die Nahrung ja zu sich. Doch das Runterschlucken zu großer Stücken birgt einige Gefahren. Zum einen kann sich das Baby verschlucken und im schlimmsten Fall sogar ersticken. Zum anderen können zu große Bissen nicht richtig verdaut werden und stören den Verdauungstrakt. Es kann zu Bauchschmerzen kommen. Aus diesem Grund sollten Sie besonders zu Anfang, solange Ihr Kind noch nicht alle Zähne hat, die zum richtigen Kauen erforderlich sind, kleine Stücke auf den Teller Ihres Kindes legen. Diese kann es im Zweifelsfall auch ohne sie zu kauen runterschlucken. Darüber hinaus schauen sich Kinder sehr viel von ihren Eltern ab. Durch auffälliges kauen können Sie Ihr Kind dazu animieren, Ihnen dies nachzumachen.

Das Kind verweigert das Essen komplett: Es kann sein, dass Ihr Kind noch nicht bereit ist für den nächsten Schritt. Auch wenn die meisten Babys ab dem zweiten Lebensjahr immer interessierter an fester Nahrung werden, so muss deshalb nicht zwangsläufig der gesamte Brei aus dem Alltag gestrichen werden. Der Übergang sollte immer Schrittweise verlaufen. Fangen Sie an, den Brei Ihres Kindes mit fester Nahrung zu kombinieren. Lassen Sie beispielsweise einige Reiskörner des Breis unpüriert und beobachten Sie, wie Ihr Kind auf die neue Konsistenz reagiert. Findet es sie nicht gut, so können Sie einfach wieder einen Schritt zurückgehen. Es ist kein Wettrennen, Ihr Kind muss nicht ab seinem ersten Geburtstag von einem Tag auf den anderen seine kompletten Essgewohnheiten umkrempeln.

Das Kind verschluckt sich häufig: Ein Baby muss sich erst an die neue Konsistenz der ihm vorgesetzten Lebensmittel gewöhnen. Es kann einige Zeit in Anspruch nehmen, ehe ein Kind gelernt hat, wie es die gekauten Brocken zu schlucken hat. In der Zwischenzeit ist sehr wichtig, dass Sie die Ruhe bewahren. Gehen Sie auf Nummer sicher und geben Sie Ihrem Kind nur Lebensmittel, welche grundsätzlich kein Erstickungspotenzial haben. Weintrauben sollten beispielsweise lieber durchgeschnitten werden. Ganze Trauben haben eine relativ dicke Schale, welche an den Zähnen des Kleinkindes abrutscht. Sollte eine ganze Weintraube verschluckt werden, so kann dies gefährlich sein. Pürieren Sie zur Not das Essen Ihres Kindes grob, sodass es sich Stück für Stück an die neue Konsistenz des Essens gewöhnen kann.

Das Kind verweigert neue Nahrungsmittel: Einige Kinder sind sehr neugierig und offen gegenüber neuen Lebensmitteln eingestellt. Andere hingegen brauchen etwas mehr Zeit und reagieren zuerst einmal skeptisch. So kann es passieren, dass Sie für Ihr Kind ein super tolles Rezept nachkochen und es dieses verschmäht. Es ist auch für die Eltern sehr aufregend, die Umstellung von Brei zu fester Nahrung mit dem Kind zu erleben. Es bieten sich plötzlich die einfallsreichsten Möglichkeiten, das Essen des Kindes ansprechend zu gestalten und zu verzieren. Doch in der Anfangsphase benötigt Ihr Kleines noch gar nicht so viel Abwechslung. Viel wichtiger ist es, dass Sie einige Nahrungsmittel erkennen, welche Ihr Kind besonders gerne isst. Diese können Sie verschieden kombinieren. Es sollte sich hierbei um Lebensmittel handeln, die den Nährstoffbedarf Ihres Kindes decken und somit keinen Mangel aufkommen lassen. Dann können Sie Schritt für Schritt ein neues Gemüse oder eine Soße oder Fleischsorte integrieren, sodass Ihrem Kind der Übergang zu neuen Lebensmitteln nicht auffällt.

Sollen wir Kinder ziehen, so müssen wir auch Kinder mit ihnen werden.

Martin Luther

Die Ernährung auf die Bedürfnisse zuschneiden

Ähnlich wie bei Erwachsenen, sind die Bedürfnisse der Kinder sehr unterschiedlich. Vergleichbar ist dies mit dem Gegensatz der Erfordernisse zwischen einem Profisportler und einem Menschen, der seinen Alltag an einem Schreibtisch verbringt. Sie können das gleiche Alter haben, dasselbe wiegen und sich sogar in der Körpergröße ähneln und doch absolut verschiedene Bedürfnisse haben. Bei Erwachsenen kann diese Verschiedenheit sehr einfach nachvollzogen werden, denn wir sehen die eine Person an einem Schreibtisch sitzen, während die andere sich auf den nächsten Ironman vorbereitet.

Bei Kindern hingegen vergessen wir schnell, dass auch sie ganz unterschiedlich sind. Wir betrachten eine Gruppe von Kleinkindern im Kindergarten und sehen, dass sie gemeinsame ihre Zeit verbringen, in etwa gleich groß sind und darüber hinaus gleich alt. Daraus schließen wir, dass sie in etwa das gleiche essen werden. Doch auch Kinder haben sehr unterschiedliche Bedürfnisse, wenn es um ihre Ernährung geht. Manche Kinder sind den ganzen Tag über in Bewegung, entdecken ihr Umfeld sehr aktiv und sitzen keine Sekunde still, während andere sich über einen langen Zeitraum hinweg in einer Ecke ein Buch anschauen oder mit Kuscheltieren spielen. Hinzu kommt, dass Kinder unterschiedliche Wachstumsphasen durchlaufen, denn der Wachstumsprozess ist keineswegs ein konstanter Prozess. In Phasen mit einem starken Wachstum muss auch die Ernährung des Kindes optimal angepasst werden, damit der kleine Körper diese Anstrengung erfolgreich auf sich nehmen kann. Doch auch in Phasen mit wenig Wachstum durchläuft der Körper des Kleinkindes starke Veränderungen, denn sein Kopf hält niemals still und es entdeckt und erforscht täglich neue, ganz aufregende Dinge.

Wichtig sind nicht nur die Lebensmittel an sich sondern auch der Abstand zwischen den Mahlzeiten und die Größe der Portionen. Gemeinsam mit Ihrem Kinderarzt und auch den anderen Betreuenden Ihres Kindes, beispielsweise den Kindergärtnern und -gärtnerinnen, sollten Sie deshalb die Ernährung Ihres Kindes genauestens beobachten. Wichtig ist hierbei, dass Sie die Gewohnheiten Ihres Kleinen auf seine Bedürfnisse anpassen und sich dabei auch von den Erfahrungen oder Vorgehensweisen anderer Eltern nicht verunsichern lassen. Ein Austausch mit anderen Eltern aus Ihrem Bekanntenkreis ist sicherlich gut und kann in vielen Situationen hilfreich sein. Auch können Sie auf diese Weise einen groben Vergleich anstellen, wenn Sie sich nicht sicher sind, ob Ihr Kind vielleicht noch ganz andere Bedürfnisse hat. Doch bedenken Sie dabei stets, dass kein Kind dem anderen gleicht und sich der Kalorienverbrauch eines Jungen von dem eines Mädchens in dem gleichen Alter doch stark unterscheiden kann. Auch auf Äußerlichkeiten sollten Sie sich dabei nicht blind verlassen. Kleine Kinder verarbeiten das Essen ganz unterschiedlich, einige setzen sehr viel Speck an und passen damit nicht in das Bild, welches uns in zahlreichen Werbungen vermittelt wird. Andere hingegen sind schon im Kindesalter eher dünn, obwohl sie mit sehr viel Freude ihre Mahlzeiten verspeisen. Wichtig ist hierbei, dass Sie bei den Untersuchungen mit dem Kinderarzt auch die Ernährung ansprechen. Denn der Arzt verlässt sich nicht auf äußerliche Eindrücke, wie beispielsweise das Gewicht oder der Umfang des Armes, sondern untersucht die einzelnen Organe Ihres Kindes auf ihre Funktionalität. In den meisten Fällen haben Sie als Eltern jedoch ein sehr gutes Gespür für die Gesundheit Ihres Kindes und seine fortschreitende Entwicklung. Behalten Sie immer ein Auge auf plötzliche Veränderungen, denn auch anhaltende Müdigkeit und schlechte Laune sind Mangelerscheinungen, welche auftreten können, wenn Ihr Kind nicht mit ausreichenden Nährstoffen versorgt wird.

Hierbei sollten Sie jedoch nicht vergessen, dass das Wachstum Ihres Sprösslings in Wellen verläuft, es in einigen Wochen Speck ansetzen und sich anschließend in die Höhe strecken kann, denn das Wachstum ist nicht konstant. All dies sollten Sie bedenken, wenn Sie die Ernährung Ihres Kindes betrachten. Machen Sie sich nicht verrückt, mit der Zeit werden sich die richtigen Mengen und Abstände zwischen den Mahlzeiten einpendeln.

In den folgenden Kapiteln versuche ich, Ihnen einen Überblick zu verschaffen, auf welche Dinge Sie während der ersten Jahre Ihres Kindes achten sollten. Es handelt sich hierbei nicht um eine genaue Anleitung, wie Sie die Ernährung Ihres Kindes gestalten müssen, vielmehr versuche ich, Ihnen zahlreiche Anregungen zu geben, damit Sie für sich selbst erkennen und entscheiden können, welche Dinge auf Ihr Kind am besten zutreffen. Ich hoffe sehr, dass Ihnen diese Ratschläge helfen und Sie sich so ein Bild davon machen können, was bei der Ernährung Ihres Kindes besonders wichtig ist und worauf Sie in Zukunft vielleicht noch stärker achten möchten.

Die richtige Ernährung für das zweite Lebensjahr

Allgemein: Mit der Vollendung des ersten Lebensjahres sind einige sehr wichtige Hürden genommen. Ihr Kind hat sich in den letzten Monaten von einem Säugling zu einem kleinen Kind entwickelt, welches sich bereits selbständig fortbewegen kann und vielleicht sogar schon die ersten Schritte wagt. Im zweiten Lebensjahr kommen eine Menge Veränderungen auf das Baby und seine Familie zu. Da das kleine Kind bereits sehr sicher sitzen kann, ist es kein Problem mehr, es in seinem kleinen Hochstuhl neben den Tisch zu setzen und es somit am Familienessen teilhaben zu lassen. Während das Füttern von Brei stets erfordert, dass ein Elternteil sich ganz dem Kleinen widmet, kann es seine Lebensmittel nun auch ganz allein verzehren. Experten empfehlen, dass Kinder mit dem Vollenden des ersten Lebensjahres immer mehr auch feste Nahrung zu sich nehmen. Dies geschieht mit der optimierten Mischkost. Vor allem in der Anfangsphase, in welcher das Kleine noch nicht alles Lebensmittel angemessen kauen kann, um sie anschließend gefahrfrei schlucken zu können, sollten die Mahlzeiten noch mit Brei kombiniert werden.

Häufigkeit der Mahlzeiten: Ihr Kind hat bis vor kurzer Zeit noch große Mengen an Muttermilch oder Flaschenmilch konsumiert. Denn auch, wenn Sie bereits ab dem sechsten Monat mit Beikost und Brei beginnen können, so ist die Milch im ersten Lebensjahr Ihres Kindes doch die Basis für die Gewinnung aller wichtigen Nährstoffe. Mit der Einführung von fester Nahrung werden viele Milchmahlzeiten wegfallen, denn Ihr Kind ist immer weniger auf die Milch als Nahrungsquelle angewiesen. Dies bedeutet nicht, dass Ihr Kind keine Milch mehr konsumieren wird. Doch es gibt einen Unterschied zwischen dem Stillen des Kindes oder auch der Einnahme der Milch mit Hilfe einer Babyflasche und dem Trinken aus einem Becher. Darüber hinaus kann Ihr Kleines nun auch andere Milchprodukte, wie Käse oder Joghurt, konsumieren und ist somit weniger stark auf Milchmahlzeiten angewiesen.

Der Magen Ihres Kindes ist jedoch noch recht klein und dies ist auch gut so, zu große Portionen könnten den Magen zu stark ausdehnen, weshalb die Größe der Mahlzeiten stets zu beachten ist. Der kleine Magen bedeutet jedoch, dass Ihr Kind unbedingt fünf Mahlzeiten, über den Tag verteilt, zu sich nehmen sollte. Diese können Sie perfekt an den Tagesablauf Ihres Kindes anpassen, sodass ein regelmäßiger Ablauf entsteht.

Selbstverständlich variiert der Alltag von Familie zu Familie stark, doch ein Tagesablauf könnte beispielsweise folgendermaßen aussehen:

Frühstück 7 Uhr (wenn das Kind bereits den Kindergarten besucht)

Vormittagssnack 11 Uhr

Mittagessen 13 Uhr (vor dem Mittagsschlaf, sodass das Kind gesättigt in die Mittagsruhe starten kann)

Nachmittagssnack 16 Uhr

Abendessen 18.30 Uhr

Worauf zu achten ist: Die Größe der einzelnen Portionen habe ich bereits angesprochen. Sie sollten stets darauf achten, dass die Gerichte so groß sind, dass Sie Ihr Kind für einige Stunden satt halten. Denn es ist wichtig, dass Ihr Kind lernt, zu den jeweiligen Mahlzeiten zu essen. Wenn es zu den Mahlzeiten zu wenig isst, so wird es nach kurzer Zeit bereits wieder Hunger verspüren und so kann es passieren, dass Ihr Kind anfängt, ununterbrochen zu snacken. Dies ist aus zweierlei Gründen nicht empfehlenswert: Zum einen gewöhnt sich Ihr Kleines an, ständig zu essen und dies wird zu einer Gewohnheit, die später schwer wieder abgewöhnt werden kann. Zum anderen verlieren Sie den Überblick darüber was Ihr Kind isst. So kann es geschehen, dass Sie sich kein genaues Bild mehr machen können und Ihr Kind in kurzer Zeit sehr viel mehr isst, als Sie meinen würden. Darüber hinaus sind kleine Snacks, die zwischendurch eingeschoben werden, oft nicht ganz so gesund, denn es ist viel einfacher, dem Kind einen Keks in die Hand zu drücken, als einen Apfel mitzunehmen und aufzuschneiden. Aus diesen Gründen empfehle ich, nicht allzu viele Zwischenmahlzeiten zuzulassen. Selbstverständlich kann es immer auch Ausnahmen geben. Wenn Sie zu einer Veranstaltung müssen, dann ist es sicher sehr hilfreich, dem Kleinkind etwas zu essen in die Hand zu drücken, denn dies bedeutet immer auch Beschäftigung und somit für einige Minuten etwas Ruhe für Sie. Dagegen ist überhaupt nichts einzuwenden, doch sollte es nicht zum Alltag werden.

Darüber hinaus sollten Sie versuchen, die Ernährung Ihres Kindes abwechslungsreich zu gestalten. Im Kleinkindalter sind Kinder weitaus offener für neue Geschmäcker, als in späteren Jahren. Umso einfacher ist es also, bereits in dieser Zeit auch Lebensmittel wie Brokkoli, Zucchini und Spinat einzuführen. Außerdem können Sie auf diese Weise feststellen, ob irgendwelche Allergien vorliegen und diese bereits umgehen oder bekämpfen.

<u>Zusammensetzung der Mahlzeiten:</u> Grundsätzlich können die Bedürfnisse der Kleinkinder ganz unterschiedlich sein, je nach Größe, Gewicht und Aktivität. Doch es gibt einige Richtlinien, an welchen Sie sich orientieren können, wenn Sie die Mahlzeiten Ihres Kindes zusammenstellen und planen. Ich möchte hiermit nicht bezwecken, dass Sie jedes Lebensmittel wiegen und genauestens berechnen, wie viele Kalorien die Mahlzeiten jeweils beinhalten. Essen sollte, vor allem im Kleinkindalter, etwas natürliches sein, was nicht allzu sehr durchgeplant werden muss und Sie können mit der Zeit und Übung selbstverständlich auch immer mehr nach Ihrem Bauchgefühl gehen. Vor allem, wenn Sie und Ihre Familie bereits sehr auf eine ausgewogene Ernährung achten, so wächst Ihr Kind da ganz selbstverständlich mit hinein. Dennoch kann es hilfreich sein, die Mahlzeiten des Kleinkindes immer mal zu überprüfen, um zu verhindern, dass in unerwünschte Richtungen abgedriftet wird.

<u>Fleischprodukte und tierische Lebensmittel:</u> Fleisch bietet wichtige Fette, welche für Ihr Kleines unabdingbar sind. Dies bedeutet jedoch nicht, dass große Mengen verzehrt werden sollten. Beachten Sie die Körpergröße Ihres Kindes, wenn Sie seine Portionen bemessen. Fleisch muss keineswegs täglich ein Teil des Mittagessens sein und sollte stets nur als Beilage betrachtet

werden. Als Anhaltspunkt kann Ihnen dienen, dass ein einjähriges Kind rund *40 g* an Fleischprodukten (wie beispielsweise Wurst oder Hackfleisch) täglich verzehren sollte. Versuchen Sie, bei Ihrem Einkauf zu den weniger fettreichen Wurstsorten zu greifen. Beim Fleisch sollten Sie versuchen, auf die Qualität und Herkunft der Produkte zu achten. Qualität steht in diesem Zusammenhang eindeutig vor Quantität. Fisch, vor allem Seefisch, ist eine wichtige Quelle für Omega-3-Fettsäuren. Diese Fettsäuren sind besonders gesund für den Organismus Ihres Kindes, können Herz-Kreislauf-Erkrankungen vorbeugen und helfen darüber hinaus bei der vorbildlichen Entwicklung des Gehirns Ihres Kindes. Fisch sollte deshalb einmal in der Woche Bestandteil einer Mahlzeit sein. Achten Sie auch hier auf die Herkunft und die Qualität, besonders bei Fisch aus Zuchtstationen sind häufig Hormone und Antibiotika in der Aufzucht verwendet worden.

Fette sollten Sie nur in sehr geringen Mengen verwenden. Darüber hinaus sind ungesättigte Fettsäuren sehr viel besser als gesättigte, welche sich schädlich auf Ihr Kleines auswirken können. Aus diesem Grund ist es sehr wichtig, dass Sie beim Kauf von Öl oder Margarine auch das Kleingedruckte lesen und sich auf diese Weise ein Bild davon machen, welche Fette sich in den Produkten verstecken.

Mehlprodukte, Reis und Kartoffeln stellen die Kohlenhydratquellen in der Ernährung Ihres Kindes dar. Sie sind sehr wichtig, da Sie Ihrem Kind die nötige Energie spenden, die es ihm erlauben, den ganzen Tag über umherzutollen und auf Entdeckungsreise zu gehen. Nudeln, Brot und andere Mehlprodukte sind somit ein wichtiger Bestandteil der täglichen Mahlzeiten Ihres Kindes. Besonders gut sind Vollkornprodukte. Ungesüßtes Müsli, Haferflocken und Vollkornnudeln sind heutzutage in jedem Supermarkt leicht erhältlich. Sie sind sehr viel bekömmlicher und außerdem eine geeignete Quelle für Ballaststoffe, welche die Verdauung Ihres Kindes positiv beeinflussen. Kleinkinder sollten während ihres zweiten Lebensjahres rund *160 g* Getreideprodukte, Reis oder Kartoffeln pro Tag verzehren.

Obst und Gemüse sind ebenfalls ein sehr wichtiger Bestandteil einer ausgewogenen Ernährung. Ein einjähriges Kind sollte täglich etwa *100 g* an Lebensmitteln aus dieser Kategorie zu sich nehmen. Achten Sie darauf, die Ernährung Ihres Kleinen abwechslungsreich zu gestalten und setzen Sie auch auf Hülsenfrüchte. Sie verfügen über viele Ballaststoffe, Mineralstoffe und Eiweiße. Zu den Hülsenfrüchten gehören beispielsweise Bohnen, Linsen oder Erbsen. Früchte sollten möglichst in ihrem natürlichen Zustand verzehrt werden. Die Schale von Äpfeln und Birnen enthält viele Vitamine und sollte deshalb möglichst nicht abgeschält werden. Selbstverständlich sind eingelegte Früchte, wie Pfirsiche oder Kirschen ein nettes Dessert, sollten aber auf Grund ihres hohen Zuckergehalts nicht zu oft gegessen werden. Gemüse sollte sowohl frisch, als auch gegart, verzehrt werden. Manche Vitamine werden erst ab einer bestimmten Gartemperatur freigesetzt. Achten Sie bei allen Lebensmitteln immer auf die Gefahr des Verschluckens oder Erstickens.

Salz und andere Gewürze sollten Sie stets nur in geringen Mengen verwenden. Die Geschmacksknospen der Kleinkinder sind meist so empfindlich, dass es keiner starken Gewürze bedarf.

Getränke: Während des zweiten Lebensjahres benötigen Kinder etwa *350 ml* Milch. Diese sollten jedoch zunehmend nicht mehr aus der Flasche getrunken werden, sondern stattdessen aus einem Becher oder Trinklernbecher. Darüber hinaus sollte das Kind viel Flüssigkeit zu sich nehmen. Dies kann einfaches Wasser sein oder aber Tee.

Besonders Fencheltee und Kamillentee können bei Bauchschmerzen beruhigend wirken. Auch frische Fruchtsäfte sind sehr gut, da sie zahlreiche Vitamine liefern und sehr lecker sind. Achten Sie jedoch darauf, Säfte nicht allzu oft zu trinken zu geben, da sie neben Vitaminen auch viel Zucker beinhalten. Andere zuckerhaltige Getränke sollten Sie ebenfalls vermeiden. Im Rezeptkapitel finden Sie einfache, nährstoffreiche Smoothies. Ideal um das Kind zu unterstützen und es vor Krankheitserreger zu schützen.

Tipps zur Umsetzung: Ausgewogene Ernährung hört sich im ersten Moment natürlich sehr schön an, ist jedoch nicht immer so einfach umzusetzen. Damit es Ihnen jedoch gelingt, trotz nervenaufreibendem Alltag eine gesunde Ernährung in das Leben Ihres Kindes und Ihrer ganzen Familie zu bringen, habe ich an dieser Stelle einige Tipps zusammengestellt, die vor allem während des zweiten Lebensjahres Ihres Kindes Umsetzung finden werden:

Gewürze sind nur in geringen Mengen zu verwenden. Damit Sie jedoch nicht alle Gerichte in mehrfacher Ausführung zubereiten müssen, können Sie sich angewöhnen, die Speisen zum Schluss zu würzen. Auf diese Weise können Sie beispielsweise einen Eintopf kochen und kurz vor der Fertigstellung eine kleine Portion für Ihren Kleinsten in einen anderen Topf füllen. Erst dann salzen Sie die Speise nach und geben noch andere Gewürze hinzu.

Wenn Spinat, Brokkoli und andere Lebensmittel bereits ab dem Säuglingsalter in Form von Brei gefüttert wurden, so ist die Gewöhnung an diese Lebensmittel bereits erfolgreich abgeschlossen worden. Ist dies nicht der Fall, so kann es helfen, die Speisen ansprechend zu gestalten und beispielsweise mit Gesichtern oder anderen Formen zu verzieren.

Kleinkinder lieben es, alles mit den Händen zu erforschen. Wenn Sie für die Familie einen Salat zubereiten, so lassen Sie einige Gurkenstücke oder Paprikastreifen übrig, an welchen Ihr Kleines während des gemeinsamen Essens genüsslich herumkauen kann.

Wenn Ihr Kind an die neue Form der Lebensmittel noch nicht gewöhnt ist und sich anfangs schwertut, so kann es helfen, die einzelnen Lebensmittel mit einer Gabel zu zerdrücken, auf diese Weise kann sich Ihr Kind langsam an die neue Konsistenz gewöhnen.

Grundsätzlich empfehle ich eine eher ernste Atmosphäre während des Essens. Ein kleines Kind kann von Anfang an lernen, dass Essen kein Spielzeug ist und damit nicht herumgeworfen wird. Kinder können das Essen problemlos von anderen Aktivitäten des unterscheiden und wissen, wann es Zeit ist, zu spielen und wann nicht. Dennoch können aufheiternde Elemente, wie bestimmte Geräusche beim Füttern, die Atmosphäre lockern und Ihr Kind dazu anregen, mit mehr Freude an dem Essen teilzunehmen.

Darüber hinaus ist ein persönlicher Tipp von mir, dem Kind während des Essens nicht allzu viel Beachtung zu geben. Gehen Sie sicher, dass es gut isst und alle nötigen Nährstoffe zu sich nimmt. Doch schauen Sie es nicht unentwegt an, führen Sie Ihre Konversation. In den meisten Fällen isst ein Kind sehr viel lieber, wenn es nicht unter ständiger Beobachtung steht sondern sich als Teil einer Familie wahrnimmt.

Die richtige Ernährung für das dritte und vierte Lebensjahr

Allgemein: Im dritten und vierten Lebensjahr wird Ihr Kind immer selbständiger und möchte stetig mehr Dinge ganz alleine bewältigen. Das Essen gehört eindeutig zu diesen Dingen. Löffel und auch Gabel können schon recht sicher gehalten und zum Mund geführt werden. Selbstverständlich landet noch nicht alles wirklich dort, wo es hingehört. Es ist deshalb sehr hilfreich, wenn Sie ein großes Lätzchen kaufen oder Ihrem Kind während des Essens Kleidung anziehen, die schmutzig werden darf. Es kann manchmal schwierig sein, die notwendige Geduld aufzubringen, denn das Kind braucht noch einige Zeit, bis es mit dem Essen fertig ist und es wäre deutlich leichter, ihm den Löffel selbst in den Mund zu schieben, anstatt mit ansehen zu müssen, wie ein Großteil der Nudeln von dem zu schräg gehaltenen Löffel direkt in den Schoß des Kindes fällt. Doch diese Aufgaben, welche Ihr Kleines immer besser bewältigt, sind wichtig für die Entwicklung der motorischen Fähigkeiten. Es kann sein, dass Sie nicht bei jeder Mahlzeit die Zeit haben, Ihr Kind komplett selbständig essen zu lassen, doch Sie sollten sich zumindest bei einer Mahlzeit am Tag diese Zeit nehmen. Im vierten Lebensjahr kann Ihr Kind schon sehr gut essen, auch wenn gelegentlich noch einmal ein paar Kleckse Tomatensoße auf dem Pullover landen.

Häufigkeit der Mahlzeiten: Grundsätzlich ändern sich die Anzahl der täglichen Mahlzeiten und auch ihre Uhrzeiten nicht sonderlich. Viele Kinder besuchen ab dem dritten Geburtstag den Kinderarten, was die Uhrzeiten der einzelnen Mahlzeiten etwas verschieben kann. Auch wenn Ihr Kind immer größer wird, sollte es trotzdem weiterhin fünf Mal am Tag essen. Es ist jedoch wichtig, drei Hauptmahlzeiten herauszuarbeiten. In den meisten Fällen sind dies das Frühstück, Mittagessen und Abendessen. Die beiden anderen Mahlzeiten am Vormittag und Nachmittag nehmen immer mehr die Rolle eines kleinen Imbisses ein. Hier sind Früchte oder auch Gemüse sehr angemessen. Schöne Alternativen finden Sie im Rezeptbereich unter Lunchboxsnacks.

Worauf zu achten ist: Ihr Kind ist nun sehr aktiv und befindet sich im regen Austausch mit anderen Kindern, sei es im Kindergarten oder einer Turngruppe etc. Selbst wenn Sie als Mutter noch nicht wieder voll in den Berufsalltag eingestiegen sind, so haben Sie Ihr Kind nun nicht mehr rund um die Uhr um sich. Dies bedeutet auch, dass Sie nicht mehr bei allen Mahlzeiten Ihres Kleinen anwesend sind. Diese Selbständigkeit Ihres Kindes kann zu Anfang befremdlich sein, jedoch auch befreiend wirken. Es ist mit vielen Emotionen verbunden, das eigene Kind so schnell wachsen zu sehen.

Im Kindergarten können Sie nicht überblicken, wie viel Ihr Kind wirklich isst. Auch wenn in den meisten Kindergärten darauf geachtet wird, dass alle Kinder ordentlich essen, so kann es durchaus passieren, dass einzelne Kinder in der Menge untergehen und nicht überprüft wird, welchen Teil ihres Essens sie tatsächlich zu sich genommen haben. Aus diesem Grund ist es wichtig, dass Sie in regelmäßigen Abständen Rücksprache mit den Betreuern des Kindergartens halten und sich weiterhin um die Ernährung Ihres Kindes kümmern. In vielen Kindergärten wird das Essen einheitlich für alle Kinder zubereitet, in anderen hingegen müssen Sie als Eltern Ihrem Kind täglich sein Essen mitgeben. Beides hat Vor- und Nachteile. Wenn Ihr Kind in einer Betreuungsstätte ist, in welcher das Essen zubereitet oder geliefert wird, so sollten Sie den Essensplan stets im Auge behalten. Auf diese Art und Weise wissen Sie, wie oft Fisch gegessen wird und welches Gemüse auf dem Teller Ihres Kindes landet. Wird dem Kindergarten das Mittagessen geliefert, so sollten Sie darüber hinaus in Erfahrung bringen, mit welchem Unternehmen der Kindergarten zusammenarbeitet und ob dieser Cateringservice gute Bewertungen hat.

Müssen Sie Ihrem Kind das Essen selbst zusammenstellen, so haben Sie einen deutlich besseren Überblick über die Produkte, die Ihr Kind zu sich nimmt. Sie wissen, welche Qualität das Fleisch hat und welche Vollkornnudeln Sie bevorzugen. Nachteilig ist jedoch der Mehraufwand, da Sie Ihrem Kind jeden Abend sein Mittagessen für den kommenden Tag vorbereiten müssen. Darüber hinaus kann es zu Ungleichheiten zwischen einzelnen Kindergartenkindern kommen, da das Essen in jedem Familienhaushalt anders zubereitet wird. In den meisten Fällen tauschen Kinder sich jedoch mit ihren Kameraden aus, sodass auch hier eine gewisse Gleichheit entsteht.

Legen Sie besonderes Augenmerk auf die Mahlzeiten, die zu Hause eingenommen werden. Auf diese Weise können Sie sichergehen, dass Ihr Kind wichtige Mineralien und Nährstoffe zu sich nimmt.

Zusammensetzung der Mahlzeiten: Das Prinzip der Zusammensetzung einzelner Gerichte ändert sich selbstverständlich nicht.

Vollkornprodukte sind auch während des dritten und vierten Lebensjahres deutlich gesünder als Weißmehlprodukte. Wildreis und Kartoffeln sollten ebenfalls zur Basis der Ernährung Ihres Kindes gehören. Insgesamt sollten Getreideerzeugnisse, Kartoffeln oder Reis täglich etwa 200gr betragen.

Gemüse und Früchte sind ebenfalls wichtiger Bestandteil einer ausgewogenen Ernährung. Sie versorgen den Körper Ihres Kindes mit den nötigen Vitaminen und anderen Nährstoffen. Achten Sie jedoch darauf, nicht zu viele süße Früchte auf einmal zur Verfügung zu stellen. Kleine Kinder sollten keine großen Mengen an Zucker zu sich nehmen und auch wenn in Obst Fruchtzucker enthalten ist, so ist es doch Zucker. Im Sommer eignen sich besonders wasserhaltige Früchte wie Wassermelone, die Ihr Kind neben Vitaminen auch mit viel Flüssigkeit versorgen. Ein Kind sollte im dritten und vierten Lebensjahr etwa je 220gr Gemüse und Obst zu sich nehmen. Zu empfehlen wäre es wenn die meisten Kohlenhydrate über Gemüse und Obst aufgenommen werden.

Fleisch und andere tierische Produkte sollten auch im dritten und vierten Lebensjahr stets eine Beilage sein und nicht Hauptbestandteil der Mahlzeiten darstellen. Ein zwei- oder dreijähriges Kind sollte am Tag etwa 60gr Fleisch zu sich nehmen, wobei dies auch in Form von Wurst geschehen kann.

Fisch ist weiterhin sehr wichtig, besonders Seefisch, welcher reich an Omega-3-Fettsäuren ist und die optimale Entwicklung Ihres Kindes fördert.

Bei Fetten und Ölen sollten Sie darauf achten, dass es sich um ungesättigte Fettsäuren handelt. Diese sind in kaltgepressten Ölen und Avocados enthalten. Gesunde Öle sind, in kleinen Mengen von etwa 15gr täglich, durchaus wichtig für die Entwicklung Ihres Kindes und sollten deshalb in einer ausgewogenen Ernährung nicht fehlen. Lesen Sie jedoch beim Kauf von Margarine und Ölen immer das Kleingedruckte, um sich über die einzelnen Inhaltsstoffe und Fette aufzuklären.

Salz und Gewürze sollten Sie weiterhin sparsam im Essen einbringen.

Getränke: Es ist sehr wichtig, dass Ihr Kind ausreichend trinkt. Dies ist nicht immer einfach, denn einige Kinder finden keinen großen Gefallen daran, Flüssigkeit zu sich zu nehmen. Sie können Ihrem Kind stark verdünnte Fruchtsäfte anbieten, um es auf den Geschmack zu bringen. Achten Sie jedoch darauf, dass es nicht zu viel Zucker in Getränken zu sich nimmt. Tees sind jedoch sehr angemessen, da sie auch eine beruhigende und entspannende Wirkung auf den Verdauungstrakt des Kindes haben. Wenn möglich, sollten Sie zu frischen Kräutern greifen. Viele positive Eigenschaften der Kräuter gehen während des Trocken- und Aufbewahrungsprozesses der Tees verloren.

Tipps zur Umsetzung: Machen Sie sich nicht zu viel Stress und seien Sie mit Spaß bei der Sache. Ernährung sollte immer etwas positives sein, was Ihnen und Ihren Kindern Freude macht. Im dritten und vierten Lebensjahr sind die Kinder bereits in einem Alter, wo sie sehr gerne bei allem dabei sind und helfen möchten. Das gemeinsame Decken des Tischs und Zubereiten der Speisen kann dazu führen, dass Ihr Kind sich mit dem Essen an sich verbundener fühlt.

Sorgen Sie dafür, dass Ihr Kind im Kindergarten gesunde Snacks zu sich nimmt. Gurken, Möhren, Paprika und Obst können in kreativen Formen geschnitten werden, sodass das Verzehren für Ihr Kind zu einem spielerischen Erlebnis wird, auf welches es sich freut.

Die richtige Ernährung für das fünfte und sechste Lebensjahr

Allgemein: In diesem Alter möchte Ihr Kind immer stärker eingebunden werden. Sie können dies zu Ihren Gunsten nutzen und mit Ihrem Kind gemeinsam die Gerichte zubereiten. Besonders das garnieren und verzieren kann sehr viel Spaß machen. Früchte und Gemüse in Form von Monstern oder lachenden Gesichtern auf den Tellern zu drapieren ist eine Beschäftigung, die nicht nur unterhaltend ist, sondern das Kind auch in näheren Zusammenhang mit den einzelnen Lebensmitteln bringt. Auf diese Weise lernen Kinder spielerisch, welche Nahrungsmittel sich toll miteinander kombinieren lassen und können die Lebensmittel während des Verarbeitungsprozesses genauestens beobachten. Sie beschäftigen sich bereits damit, wie sich verschiedene Tomaten während des Garprozesses zu Tomatensoße vereinen. Darüber hinaus haben Sie während des gemeinsamen Vorbereitens der Gerichte Zeit, sich mit Ihrem Kind über die Geschehnisse im Kindergarten zu unterhalten. Diese gemeinsame Zeit gibt Ihnen die Möglichkeit, auf dem Laufenden zu bleiben, denn häufig kommen ruhige Momente des Austauschs im Alltag zu kurz.

Ihr Kind hat das Gefühl, Verantwortung zu tragen und beispielsweise Abfälle in den Müll zu bringen. Außerdem ist es sehr stolz auf das Endergebnis und das Essen schmeckt gleich viel leckerer, wenn man dabei geholfen hat, es zuzubereiten.

Häufigkeit der Mahlzeiten: Es ist weiterhin von Vorteil, insgesamt fünf Mahlzeiten auf den Tag zu verteilen. Da Ihr Kind nun schon früh in den Tag startet und für diesen optimal vorbereitet sein soll, ist das Frühstück besonders wichtig. Während des Vormittags und Nachmittags sollten nur noch kleine Snacks eingenommen werden, die eine normale Mahlzeit nicht ersetzen. Ein Apfel, ein Stück Gurke oder ein anderes Obst oder Gemüse sind eine gute Möglichkeit. Auch ungesüßte Müsliriegel oder Nüsse und Trockenfrüchte eignen sich hervorragend, da sie problemlos unterwegs mitgenommen werden können. Achten Sie jedoch darauf, dass nicht zu viel Zucker in den Produkten ist.

Das Mittagessen wird in vielen Fällen im Kindergarten oder der Vorschule eingenommen. Aus diesem Grund ist es besonders wichtig, dass Sie auch am Abend ein ausgewogenes Abendbrot einnehmen. Bei dieser Gelegenheit haben Sie die Möglichkeit, das über den Tag hinweg erlebten noch einmal Revue passieren zu lassen. Darüber hinaus können Sie wichtige Nährstoffe und Mineralien in das Abendessen integrieren und sichergehen, dass Ihr Kind diese zu sich nimmt.

Worauf zu achten ist: In diesem Alter ernährt sich Ihr Kind schon eine ganze Weile von frischen Lebensmitteln. Sie sollten jedoch versuchen, das Essen trotzdem abwechslungsreich zu gestalten. Neue Rezepte auszuprobieren und immer neue Lebensmittel in die Ernährung Ihres Kindes zu bringen, kann Allergien aufdecken und hilft Ihrem Kind außerdem, sich an neue Geschmäcker zu gewöhnen und zu lernen, dass Essen ein Gebiet schier endloser Möglichkeiten und Variationen ist. Achten Sie besonders darauf, dass es verschiedene Dinge probiert und auf diese Weise neue Dinge ausprobiert.

In diesem Alter entwickeln sich auch die ersten Lieblingsgerichte Ihres Kindes. Versuchen Sie, diese gezielt einzusetzen und ein Gleichgewicht zu halten zwischen neuen Gerichten und bereits bekannten Speisen.

Behalten Sie im Blick, wie viele Süßigkeiten Ihr Kind am Tag verspeist. Ich persönlich halte eine absolut zuckerfreie Ernährung für kontraproduktiv, doch sollten die zuckerhaltigen Lebensmittel definitiv nur einen kleinen Teil der täglichen Ernährung ausmachen.

Zusammensetzung der Mahlzeiten: In diesem Alter bildet Ihr Kind die ersten Essensgewohnheiten aus, welche später über einen langen Teil der Kindheit und Jugend bestehen bleiben. Kinder können sich in diesem Alter bereits sehr viel merken und vergessen nicht, welche Nudelsorte die Mutter im Supermarkt einkauft oder welche Getränke zuhause auf den Tisch kommen. Aus diesem Grund ist es besonders wichtig, dass Sie auf die Qualität der Produkte achten. Frisches Gemüse und saisonale Früchte können Ihnen dabei helfen, Ihr Kind in Berührung mit wichtigen Themen wie Nachhaltigkeit zu bringen. Auch wenn Ihr Kind in diesem Alter noch nicht alle Punkte komplett zu verstehen scheint, so merkt es sich doch eine große Menge.

An der Zusammenstellung der Mahlzeiten ändert sich nichts Grundlegendes. Es ist weiterhin sehr wichtig, dass Ihr Kind ausreichende Kohlenhydrate aus gesunden Quellen, wie Vollkornprodukten, bezieht.

Darüber hinaus sind Vitamine und Nährstoffe aus Obst und Gemüse unabdingbar. Sie unterstützen die gesunde Entwicklung Ihres Kindes und wirken vorbeugend gegen Infekte, welche im

Kindergarten schnell einmal eingefangen werden können.

Fleisch und vor allem Fisch, bietet eine wichtige Eiweißquelle, sollte jedoch stets als Beilage betrachtet werden. Achten Sie darauf, dass nicht zu viel Fett in den Gerichten ist. Aus diesem Grund bietet es sich an, selbst zu kochen, auch wenn dies etwas mehr Zeit in Anspruch nimmt. Selbstverständlich kann es mal einen Pizzaabend geben, doch selbstzubereitete Gerichte aus frischen Zutaten bilden die Basis einer ausgewogenen Ernährung.

<u>Getränke:</u> Kindergeburtstage und andere Veranstaltungen werden immer häufiger und Sie können nicht immer umgehen, dass Ihr Kind auch mal ein gesüßtes Getränk trinkt. Umso wichtiger ist es, dass Sie in der gemeinsam verbrachten Zeit darauf achten, dass es seinen Durst mit zuckerfreien, gesunden Getränken löscht und ausreichend Flüssigkeit zu sich nimmt. Säfte können besonders am Morgen hilfreich sein, um das Kind mit wichtigen Vitaminen zu versorgen und ihm einen optimalen Start in den Tag zu gewähren. Dies trifft besonders auf Kinder zu, welche am Morgen nicht gerne frühstücken.

<u>Tipps zur Umsetzung:</u> Sie können nicht mehr alle Mahlzeiten mit Ihrem Kind gemeinsam einnehmen, denn Sie haben wahrscheinlich angefangen, sich wieder in den Berufsalltag zu integrieren. Auch befindet sich Ihr Kind nicht mehr ständig in Ihrer unmittelbaren Nähe, sondern verbringt Zeit im Kindergarten, der Vorschule oder mit Freunden. Umso wichtiger ist es, dass Sie das Frühstück und Abendessen gemeinsam einnehmen. Das Frühstück ist eine der wichtigsten Mahlzeiten des Tages, ermöglicht es Ihrem Kind doch einen guten und energiegeladenen Start in den Tag. Viele Kinder frühstücken am Morgen nicht gerne. In diesem Fall sollten Sie sichergehen, dass es ein gutes Frühstück mit in den Kindergarten nimmt, welches es zu einem späteren Zeitpunkt, etwa im Laufe des Vormittags, einnehmen kann. Bunte, abwechslungsreiche Früchte regen Ihr Kind zum Essen. Kinder teilen in diesem Alter gerne mit ihren Kindergartenfreunden. Sichern Sie deshalb, dass Ihrem Kind genug Essen zur Verfügung steht, um davon auch einen Teil mit seinen Kameraden austauschen zu können und trotzdem noch ausreichend Nährstoffe zu sich zu nehmen.

Sie sollten auch beim Abendessen darauf achten, dass es sich, wenn möglich, um frisch zubereitete Gerichte handelt. Denn auch wenn Ihr Kind im Kindergarten eine warme Mahlzeit zum Mittag bekommt, so können Sie die Qualität des Essens nicht so gut beurteilen. Darüber hinaus wissen Sie nicht, wie viel Ihr Kind tatsächlich gegessen hat und welche Menge auf dem Teller zurückblieb.

Es kann helfen, Gemüse bereits vorzubereiten, sodass Sie es für das tägliche Zubereiten der Gerichte nur noch in den benötigten Mengen aus den Dosen im Kühlschrank nehmen müssen. Beim richtigen Einfrieren von Lebensmitteln gehen in vielen Fällen nur geringe Mengen an Vitaminen und Nährstoffen verloren. Es kann sich deshalb durchaus lohnen, Gemüse einzufrieren, um dieses anschließend einfacher beim Kochen verwenden zu können. Auf diese Weise haben Sie nur wenig Abfall in der Küche und sparen außerdem Zeit.

Einzelne Lebensmittel und ihre Vorzüge

Auch wenn Ihnen die meisten Lebensmittel bereits bekannt sein werden und auch ihre Vorzüge, so werde ich Ihnen in diesem Kapitel noch einmal bestimmte Lebensmittel vorstellen, damit Sie einen besseren Überblick über die Vielfalt der Nahrungsmittel erhalten, die eine ausgewogene Ernährung ausmachen.

Ernährung ist eine Gewohnheitssache und Sie als Eltern befinden sich in der wichtigen Position, Ihrem Kind die richtigen Gewohnheiten beizubringen. Diese werden es über viele Jahre begleiten und sind ausschlaggebend für die späteren Ernährungsentscheidungen Ihres Kindes.

Während der ersten Monate der Essensumstellung von Brei zu fester Nahrung ist es nicht unbedingt notwendig, Ihrem Kind eine große Vielfalt an unterschiedlichen Lebensmitteln anzubieten. Das Baby muss sich erst an all die verschiedenen Geschmäcker gewöhnen. Gerade, wenn Sie Ihrem Kind Brei aus Gläschen gefüttert haben, dann sind viele Nahrungsmittel ihm neu und Sie können nicht verlangen, dass es diese von Anfang an problemlos annehmen wird. Doch die Ernährung Ihres Kindes muss auch diesem Grund nicht weniger nahrhaft und ausgeglichen sein. Einige bestimmte Lebensmittel sind sehr leicht bekömmlich und bieten trotzdem zahlreiche Nährstoffe.

Eiweiße: Sie sind wichtig für die optimale Entwicklung der Muskeln und sollten deshalb in einer ausgewogenen Ernährung nicht fehlen. Da Fleischersatzprodukte, wie beispielsweise unterschiedliche Sojaprodukte, in den meisten Fällen viele Zusatzstoffe beinhalten, sind sie für die Ernährung eines Kleinkindes nicht ohne weiteres geeignet. Aus diesem Grund ist es sehr schwer, ein kleines Kind vollkommen vegetarisch aufzuziehen. Dies bedeutet jedoch nicht, dass Fleisch den Hauptteil der Speise ausmachen sollte. Je nach Alter des Kindes sind sie jedoch eine angemessene Beilage.

Geflügel ist besonders fettarm, Sie sollten jedoch auf die Herkunft des Fleischs und seine Qualität achten. Es ist besser, gutes Fleisch in geringen Mengen in die Ernährung einzubringen, als billiges Fleisch in größeren Portionen. Putenfleisch, Hühnchen, Gans und Ente sind jedoch eine gute Alternative zu anderen Fleischsorten und außerdem mild im Geschmack. Darüber hinaus handelt es sich hierbei um weiches Fleisch, welches auch von kleinen Kindern vorsichtig zerkaut und runtergeschluckt werden kann.

Rindfleisch, Schweinefleisch, Lamm, Eier und Wurst sind ebenfalls tierische Produkte, die auf dem Ernährungsplan Ihres Kindes nicht fehlen sollten.

Fisch hat besondere Fettsäuren, die Omega-3-Fettsäuren, welche die Entwicklung des Gehirns fördern und außerdem Herz-Kreislauf-Erkrankungen vorbeugen. Sie finden sich in Seefisch.

Kohlenhydrate: Sie sind die Basis der Ernährung und versorgen den Körper Ihres Kindes mit ausreichend Energie. Da es sich rund um die Uhr in Bewegung hält und die Welt um sich herum erkundigt, benötigt ein Kleinkind im Vergleich zu seinem Körpergewicht relativ viele Kohlenhydrate. Diese finden sich in Nudeln und anderen Getreideprodukten, Kartoffeln, Reis und anderen Getreidesorten wie Haferflocken, Gerste, Buchweizen, Hirse, Quinoa und Couscous.

Gemüse und Obst: Es versorgt Ihr Kind mit allen notwendigen Vitaminen. Hülsenfrüchte wie Bohnen, Erbsen und Linsen sind außerdem reich an Ballaststoffen, welche die Verdauung positiv beeinflussen. Kohl kann schwer im Magen liegen, weshalb er in kleinen Mengen eingeführt werden sollte. Doch es spricht nichts gegen die vielfältige Palette an Gemüsesorten von Gurke über Tomaten und Zucchini bis hin zu Salat und Paprika. Kürbis ist ebenfalls eine sehr bekömmliche Zutat, die in vielen Speisen sehr gut zur Geltung kommt.

Milchprodukte: Sie sind besonders bei kleinen Kindern sehr wichtig, da sie eine tolle Kalziumquelle darstellen. Sie sollten jedoch beachten, dass Ihr Kind ab der Vollendung des ersten Lebensjahres deutlich weniger Milch benötigt als bisher. Es bezieht zahlreiche Nähstoffe nun aus anderen Lebensmitteln. Ab dem zweiten Lebensjahr können Kuhmilch und andere Milchprodukte wie Frischkäse, Schnittkäse und Joghurt ebenfalls immer stärker in die Ernährung Ihres Kindes integriert werden.

Welche Lebensmittel sich nicht für Kinder eignen

Ab dem Beginn des Übergangs zur festen Nahrung, welcher ab der Vollendung des ersten Lebensjahres stattfindet, sind die meisten Lebensmittel für Ihr Kind nicht mehr gefährlich. Es gibt jedoch einige Nahrungsmittel, welche Sie auf Grund möglicher negativer Auswirkungen auf Ihr Kind von dessen Ernährungsplan streichen sollten. Grundsätzlich sollten Sie vorsichtig umgehen mit Lebensmitteln, die eine Erstickungsgefahr darstellen. Hierzu gehören alle Lebensmittel in einer Größe, die ein kleines Kind nicht mehr schlucken kann. Ganze Trauben, zu große Wassermelonenstücke etc. scheinen auf den ersten Blick kein Risiko zu bergen. Bei genauerer Betrachtung wird jedoch klar, dass sich ein Kleinkind ohne weiteres an ihnen verschlucken kann und dies schwerwiegende Folgen mit sich bringen kann.

Alkoholhaltige Lebensmittel: Nahrungsmittel, die Alkohol enthalten, sind selbstverständlich nicht für den Verzehr eines Kindes geeignet. Einige Lebensmittel und Getränke wie Bier oder Wein sind dabei selbstverständlich. Doch auch Gebäck, Weihnachtskekse und abgepackte Kuchen beinhalten manchmal Alkohol. Aus diesem Grund sollten Sie vor dem Kauf neuer, unbekannter Produkte auf jeden Fall auch das Kleingedruckte lesen, um böse Überraschungen zu vermeiden.

Nüsse: Gegen Nüsse ist im Prinzip nichts einzuwenden. Ihre Form und Konsistenz machen sie jedoch zu Nahrungsmitteln, an welchen sich ein Kleinkind leicht verschlucken kann. Versuchen Sie, statt ganzen Nüssen gemahlene Nüsse mit ins Müsli oder in den Joghurt Ihres Kindes zu mischen und auf diese Weise den Gefahren aus dem Weg zu gehen.

Honig: Honig ist ein beliebtes Mittel, um Speisen auf natürliche Weise zu süßen. Er ist weitaus gesünder als raffinierter Zucker und süßt dabei ebenso stark wie dieser. Doch passen Sie auf: Vor dem Vollenden des ersten Lebensjahres kann der Verzehr von Honig schwere Folgen für Ihr Kind haben. Kaltgeschleuderter Honig beinhaltet in vielen Fällen Bakterien, welche bei einem Baby zu schwerwiegenden Infektionen (z.B. Botulismus) führen können. Ab dem zweiten Lebensjahr jedoch ist Honig durchaus geeignet, um beispielsweise den Naturjoghurt für Ihr Kind auf natürliche Weise zu süßen.

Gezuckerte Getränke: Gezuckerte Getränke wie Cola, Fanta oder Limonade sind keine gute Grundlage für eine gesunde Ernährung. Auch viele abgepackte Säfte beinhalten nicht nur den normalen Fruchtzucker, der in ihnen erwartet wird. Aus diesem Grund empfiehlt es sich, zu frischen Säften zu greifen oder diese selbst herzustellen, wenn Sie Ihrem Kind eine tolle Vitaminquelle bieten möchten. Zucker ist nicht nur schlecht für den Blutkreislauf Ihres Kindes und kann in späteren Jahren zu Diabetes führen, er hat auch schlechte Auswirkungen auf die Zähne Ihres Kleinen. Bei den Rezepthinweisen befindet sich eine Tabelle mit natürlichen Zuckerersatzprodukten.

Nicht-gegarte tierische Produkte: Rohe Eier, Sushi und andere Gerichte mit nicht gegarten, tierischen Produkten sind auf Grund der Gefahr von Salmonellen und anderen Bakterien für kein Kind zu empfehlen. Selbst bei Erwachsenen können diese Bakterien schlimme Erkrankungen hervorrufen, bei kleinen Kindern, deren Abwehrkräfte noch nicht so gestärkt sind, können sie bleibende Schäden verursachen.

Kaltgepresste Öle: Bei kaltgepressten Ölen ist es wie mit dem Honig. Sie können Bakterien enthalten, welche vor der Vollendung des ersten Lebensjahres eine sehr schädliche Infektion hervorrufen können. Aus diesem Grund sollten Sie diese Art von Ölen erst nach und nach mit fortschreitendem Alter in die Ernährung Ihres Kindes integrieren.

Salz: Zu viel Salz kann zu einer erhöhten Austrocknungsgefahr des Babys führen. Daher eher sparsam mit dem Salz umgehen. Jedoch besitzt Salz auch wichtige Spurenelemente und Natrium.

Verschiedene Ernährungsformen

Die unterschiedlichsten Ernährungsformen sind in aller Munde und die verschiedensten Strategien verbreiten sich immer stärker. Neben vegetarischer und veganer Ernährung ziehen auch Low-Carb-, Rohkost-, Paleo- oder Non-Carb-Ernährung in vielen Haushalten ein. In den meisten Fällen gehen diese Bewegungen von den Damen des Hauses aus, welche die neuste Strategie zum erfolgreichen Abnehmen ausprobieren möchten. Doch auch an den kleinen Kindern des Haushaltes ziehen diese Ernährungsformen nicht spurlos vorbei. Schon lange versuchen viele Familien, ihre Kinder ohne den Zusatz von Zucker zu ernähren und Süßigkeiten oder zuckerhaltige Getränke komplett vom Ernährungsplan ihrer Sprösslinge zu streichen. Auch Sie verfolgen vielleicht eine bestimmte Ernährungsform und fragen sich nun, ob diese für Ihr Kleinkind auch verwendbar ist oder vielleicht zu irgendwelchen Schäden oder Mangelerscheinungen führen könnte.

Vegetarisch, vegan: Grundsätzlich ist dagegen nichts einzuwenden. Mit der vegetarischen oder veganen Ernährungsform verbinden sich in den meisten Fällen nicht nur körperliche bzw. gesundheitliche Vorteile. Vielmehr steht hinter der Entscheidung zu einem solchen Ernährungsstil meist eine bestimmte Überzeugung. Sei es das Wohl der Tiere oder aber ein nachhaltiger Umgang mit unserem Planeten und den Ressourcen, die uns zur Verfügung stehen. Selbstverständlich sollen diese Überzeugungen und Ansichten auch an das kleinste Mitglied der Familie weitergegeben werden. Dagegen spricht eigentlich auch nichts. Eine vegetarische oder vegane Ernährung ist weitestgehend auf den Verzehr von Gemüse, Obst und Getreide ausgerichtet. Der Verzehr von Milch, als Kalziumquelle, und Fleischprodukten, als Proteinquelle, ist für kleine Kinder jedoch sehr wichtig. Viele Sojaprodukte sind für Kleinkinder nicht geeignet, aus diesem Grund kann es sich manchmal schwierig gestalten, ausreichend andere Lebensmittel zu finden, welche genug Eiweiß und wichtige Mineralen spenden. Sie sollten gegebenenfalls mit Ihrem Kinderarzt besprechen, wie Sie die Ernährung Ihres Kindes noch optimieren können und dabei eine vegetarische oder vegane Ernährungsform in seinen Alltag integrieren zu können.

Rohkosternährung: Auch dieser Ernährungsstil findet stetig mehr Anhänger. Rohes Obst und Gemüse sollten in der täglichen Lebensmittelliste Ihres Kindes auf jeden Fall vorkommen. Doch bei einer rohköstlichen Ernährung fallen viele tierische Produkte, wie Fleisch und Eier weg, da ein Kleinkind diese noch nicht in rohem Zustand verzehren sollte. Darüber hinaus können wichtige Nährstoffquellen wie Hülsenfrüchte und zahlreiche Getreidesorten oder Kartoffeln und Reis nur in gegarter Form gegessen werden. Auch sie fallen deshalb bei einer rohköstlichen Ernährung weg. Salate aus Gemüse und Obst sind ein wichtiger Bestandteil der Ernährung, doch für ein Kleinkind wäre eine rohköstliche Ernährung in vielen Situationen zu eintönig und nährstoffarm. Aus diesem Grund sollten Sie Ihrem Kind während seiner Kindheit noch keine rohköstliche Ernährung angewöhnen. Die Grundlagen können jedoch bereits gefestigt werden, sodass sich Ihr Kind zu einem späteren Zeitpunkt selbst dazu entscheiden kann, diese Ernährungsform in sein Leben zu integrieren.

Low-Carb und No-Carb: Diese Ernährungsformen sehen vor, nur eine geringe Menge an Kohlenhydraten zu sich zu nehmen. Für eine erwachsene Person, die ein bestimmtes Ziel verfolgt und Gewicht verlieren möchte, kann dies durchaus positiv sein. Doch Ihr Kind befindet sich in einem Alter, in welchem sein Körper Hochleistung bringen muss, ständig in Bewegung ist und ein Wachstumsschub den nächsten jagt. Ihr Kind benötigt in dieser Zeit zahlreiche Kohlenhydrate, damit sein Körper diese Leistung erbringen kann und mit ausreichend Energie versorgt wird. Aus diesem Grund bietet sich eine kohlenhydratarme Ernährung im Kindesalter nicht an. Sie können jedoch darauf achten, gesunde Kohlenhydrate zu verwenden, indem Sie auf Vollkornprodukte umsteigen und auf die Inhaltsstoffe von Brot und Nudeln achten.

Vollkornnudeln (352 kcal Reis (352 kcal) Kartoffeln (70 kcal)	Quinoa (374 kcal) Süßkartoffeln (86 kcal) Buchweizen (346 kcal)

***Hinweis:* (*Kcal/100g ungekocht*)**

Zuckerfreie Ernährung: Viele Eltern sorgen sich ganz besonders um die Gesundheit und die Zähne ihres Kindes und möchten, dass dieses einen optimalen Start in sein Leben hat. Die Ernährung spielt in diesem Zusammenhang eine wichtige Rolle und besonders Zucker hat meist schlechte Auswirkungen auf den menschlichen Körper. Das trifft auch auf den Körper eines Kleinkindes zu. Zuckerhaltige Getränke zum Beispiel können zu Karies führen. Die Zähne sind bei einem kleinen Kind noch deutlich weniger geschützt als bei einem Erwachsenen und deshalb sehr viel empfindlicher. Auch besonders Säurehaltige Lebensmittel sollten deshalb nur in Maßen genossen werden. Heut zu tage finden Eltern in zahlreichen zuckerfreien Rezepten Anregungen, um den Alltag ihres Kindes möglichst zuckerfrei zu gestalten. Dies reicht bis zu Kuchen, die ohne raffinierten Zucker zubereitet werden. Ganz herumkommen können Sie um den berüchtigten Zucker dann jedoch doch nicht. Denn auch in Obst und Früchten ist Zucker in Form von Fruchtzucker enthalten. Außerdem müssen Sie sich darüber im Klaren sein, dass Ihr Kind früher oder später, nämlich beim Kontakt zu anderen Kindern im Kindergarten, auch ungesunde Lebensmittel gezeigt und angeboten bekommen werden wird. Auf Kindergeburtstagen werden nicht nur gesunde Gerichte auf den Tisch kommen, sondern eben auch Süßigkeiten. Es kommt deshalb auf ein passendes Gleichgewicht an. Sie müssen verstehen, dass Sie Ihr Kind nicht sein ganzes Leben lang vor Zucker schützen können, doch wenn Sie es schaffen, gesunde Lebensmittel schmackhaft zu machen, dann wird es auch zu diesen greifen. Absolut verbotenes erscheint uns in den meisten Fällen umso interessanter. Und Sie möchten sicherlich auch nicht riskieren, dass Ihr Kind nicht zu Kindergeburtstagen gehen kann oder auf diesen zu einem Außenseiter wird, nur weil es keine gezuckerten Speisen verzehren darf.

Doch Geburtstage und andere Feierlichkeiten sind stets nur Ausnahmen, sie bestimmen nicht den Alltag. In diesem Alltag ist es durchaus von Vorteil, wenn Sie raffinierten Zucker umgehen und versuchen, auf gesunde Lebensmittel auszuweichen. Viele Speisen lassen sich auch mit Honig oder Stevia süßen, was sie sehr viel bekömmlicher macht. Auch frisches Obst kann viele gesüßte Leckereien ersetzen, ohne dass Ihr Sprössling das Gefühl hat, auf etwas tolles verzichten zu müssen und sich deshalb zu Süßigkeiten nur umso mehr hingezogen zu fühlen.

Sie werden sicher das richtige Gleichgewicht finden, versuchen Sie, bei der Suche nach diesem Gleichgewicht entspannt zu bleiben und sich nicht zu sehr zu verkrampfen. Denn die Ernährung sollte stets etwas positives sein, etwas das Spaß macht und Sie und Ihre Familie verbindet.

Eure Nahrungsmittel sollen eure Heilmittel - und eure Heilmittel sollen eure Nahrungsmittel sein.

-Hippokrates

Was Ihr Kind während des Essens lernen kann

Auch wenn das Augenmerk oft auf dem liegt, was gegessen wird und weniger auf dem, wie gegessen wird, so ist dies doch nicht weniger wichtig. Essen ist nicht nur die Aufnahme von Nahrung und besonders innerhalb einer Familie geschieht beim gemeinsamen Essen meist eine ganze Menge. In diesem Kapitel habe ich einige wichtige Dinge erfasst, die Ihr Kind während der Zubereitung der Speisen und dem Essen an sich ganz nebenbei erlernt.

Verantwortungsbewusstsein: Auch ein kleines Kind kann bereits Verantwortung übernehmen und sei dies nur für ganz kleine Aufgaben. Ein Zweijähriger kann bereits verstehen, wie er sein Besteck zum Tisch zu tragen hat und wie es nach dem Essen in den Geschirrspüler geräumt wird. Ebenso, die benutzten Servietten in den Müll zu bringen. Selbstverständlich müssen diese Aufgaben sich nicht nur auf die Küche und das Esszimmer beschränken. Auch in anderen Bereichen kann bereits in jungem Alter Verantwortung übernommen werden. Doch die gemeinsamen Mahlzeiten sind Momente, in denen die Familie bewusst zusammenkommt und Zeit miteinander verbringt. Aus diesem Grund bieten sie sich für Lernprozesse des Kleinen an.

Geduld: Wenn alle gemeinsam mit dem Essen beginnen und im Anschluss auch erst aufstehen, sobald jedes Familienmitglied fertig ist, so kann das einem Kleinkind eine Menge Geduld abverlangen. Selbstverständlich wird es darüber nicht immer erfreut sein, besonders dann nicht, wenn der Hunger besonders groß ist. Doch nach und nach wird sich Ihr Kind an diese Regel gewöhnen und diese als selbstverständlich wahrnehmen.

Tischmanieren: Tischmanieren werden Ihrem Kind in späteren Jahren noch weiterhelfen. Sie werden in der Gesellschaft als selbstverständlich angesehen, obwohl sie dies keineswegs sind. Sogar in Schulen werden mittlerweile Tischmanieren in Kursen angeboten, da die Kinder diese zuhause nicht mehr beigebracht bekommen. Dabei sind es einige wenige Regeln, die ihre Wirkung nicht verfehlen und beim Zusammentreffen mit anderen Menschen stets einen guten Eindruck machen. Selbstverständlich lernt Ihr Kind im Kleinkindalter erst einmal, den Löffel oder die Gabel richtig zu halten, doch auch andere Regeln wie beispielsweise, nicht mit vollem Mund zu sprechen, können auch von einem kleinen Kind bereits erlernt und akzeptiert werden.

Soziales Beisammensein: Das Essen dient nicht nur der Nahrungsaufnahme sondern ist auch eine Möglichkeit des sozialen Austauschs. Wenn die Familie zusammenkommt, um nach einem ereignisreichen Tag gemeinsam das Abendessen einzunehmen, dann haben alle viel zu erzählen. In diesem Vorgang lernt auch Ihr kleinstes Familienmitglied, sich einzureihen, seinen Moment abzuwarten und den Schilderungen der größeren aufmerksam zu lauschen.

Routine: Ein fester Tagesablauf ist für Kinder sehr wichtig. Er gibt ihnen Sicherheit und Ruhe, da sie sich auf bestimmte Ereignisse verlassen können. Hierzu gehören auch die Mahlzeiten. Sie sind ein Moment, in welchem das Kind zur Ruhe kommt und sich auf das Essen konzentrieren kann. Darüber hinaus helfen diese gemeinsamen Mahlzeiten den Kleinen, sich im Ablauf des Tages besser zurechtzufinden.

Erziehung besteht hauptsächlich darin, ein Kind zu dem zu machen, was es schon ist.

- Alice Miller

Grob pürierter Babybrei

Die ersten Rezepte sind gesunde Babybrei-Rezepte, die einen Übergang zur festen Nahrung vereinfachen. Hierbei wird der Brei aber nur noch grob püriert oder gestampft, dass nur noch grobe, weiche Stücke übrig bleiben. Die Rezepte sind vor allem geeignet für Kinder im Alter von 11 Monaten bis 16 Monate und sind der optimale Einstieg zur festen Nahrung. Man kann die Rezepte, wie im vorherigen Kapitel, auch ganz pürieren, wenn man noch Babys im Alter von 6 bis 11 Monaten hat.

Haferflockenbrei

Dauer: 10 Minuten
Alter: ab dem 11. Monat

Zutaten für 2 Portionen

250 ml Milch | 60 g Haferflocken | 1 Banane | 2 TL Pflanzenöl | 2 Birnen

Zubereitung

1. Die Milch aufkochen lassen, die Haferflocken für **2 Minuten** darin aufquellen und abschließend abkühlen lassen.
2. Die Birnen waschen, schälen und grob reiben.
3. Die Banane klein stampfen.
4. Die Banane, die geraspelte Birne und das Öl zum Haferbrei geben und alles gut miteinander vermengen.

Notizen:

Fenchelbrei

Dauer: 20 Minuten
Alter: ab dem 11. Monat

Zutaten für 2 Portionen

2 Fenchelknollen | 4 Kartoffeln | 50 ml Wasser | 2 TL Sanddornsaft | 2 TL Pflanzenöl

Zubereitung

1. Die Fenchel und die Kartoffeln waschen, schälen und klein schneiden und anschließend für **15 Minuten** im Wasser köcheln lassen.
2. Die gekochten Kartoffeln und Fenchel in eine Schale geben und den Saft, sowie das Öl darüber geben.
3. Mit einer Gabel klein stampfen, so dass noch grobe Stücke übrig bleiben.

Notizen:____________________

Süßkartoffelbrei

Dauer: 20 Minuten
Alter: ab dem 11. Monat

Zutaten für 2 Portionen

1 Kohlrabi | 3 Süßkartoffeln | 2 TL Pflanzenöl | 150 g Brokkoli | 3 EL Bio-Apfelsaft

Zubereitung

1. Das Gemüse waschen, schälen und in kleine Würfel schneiden und anschließend für **15 Minuten** im Wasser köcheln lassen.
2. Das gekochte Gemüse in eine Schale geben und den Apfelsaft, sowie das Öl darüber geben.
3. Alles mit einer Gabel klein stampfen, so dass noch grobe Stücke übrig bleiben.

Notizen:____________________

Apfelkarottenbrei

Dauer: 20 Minuten
Alter: ab dem 11. Monat

Zutaten für 1 - 2 Portionen

1 Apfel | 2 Möhren | 1 Fenchelknolle | 2 EL Orangensaft | 2 TL Pflanzenöl

Zubereitung

1. Die Karotten und den Fenchel waschen, schälen, in kleine Würfel schneiden und anschließend für **15 Minuten** im Wasser köcheln lassen.
2. Den Apfel schälen, Kerngehäuse entfernen und fein reiben.
3. Die gekochten Karotten, den Fenchel und den geriebenen Apfel in eine Schale geben und den Orangensaft, sowie das Öl darüber geben.
4. Mit einer Gabel klein stampfen, so dass noch grobe Stücke übrig bleiben.

Notizen:____________________

Gemüsebrei

Dauer: 20 Minuten
Alter: ab dem 11. Monat

Zutaten für 2 - 3 Portionen

200 g Tk-Gemüse | 60 g Kartoffeln | 2 EL Pflanzenöl | 3 EL Orangensaft | 3 EL Hirseflocken

Zubereitung

1. Die Kartoffeln waschen, schälen, in kleine Würfel schneiden und gemeinsam mit dem Gemüse für **15 Minuten** im Wasser köcheln lassen.
2. Die Hirseflocken nach **10 Minuten** dazugeben und nochmal alles aufkochen lassen.
3. Die gekochten Karotten, Hirseflocken und das Gemüse in eine Schale geben und den Orangensaft, sowie das Öl darüber geben.
4. Mit einer Gabel klein stampfen, so dass noch grobe Stücke übrig bleiben.

Notizen:____________________

Kürbisbrei

Dauer: 30 Minuten
Alter: ab dem 11. Monat

Zutaten für 2 - 3 Portionen

175 g Kürbis | 1 Birne | 2 Kartoffeln | 2 EL Haferflocken | 1 EL Rapsöl | 3 EL Bio-Apfelsaft

Zubereitung

1. Den Kürbis und die Kartoffeln schälen, waschen, in kleine Würfel schneiden und gemeinsam mit dem Gemüse für **15 Minuten** im Wasser köcheln lassen.
2. Die Haferflocken nach **10 Minuten** dazugeben und nochmal alles aufkochen lassen.
3. Die Birne schälen, waschen und klein reiben.
4. Die gekochten Kartoffeln, den Kürbis und die geriebene Birne in eine Schale geben und den Apfelsaft, sowie das Öl darüber geben.
5. Mit einer Gabel klein stampfen, so dass noch grobe Stücke übrig bleiben.

Notizen:____________________

Hirse mit Fleisch

Dauer: 25 Minuten
Alter: ab dem 11. Monat

Zutaten für 2 Portionen

1 Kohlrabi | 2 Karotten | 60 g Hühnerbrust | 35 g Hirse | 1 EL Öl | 3 EL Apfelsaft

Zubereitung

1. Die Hirse **für 15 Minuten** im Wasser köcheln lassen und danach für **10 Minuten** aufquellen lassen.
2. Die Kohlrabi und die Karotten in der Zwischenzeit schälen, waschen, klein reiben und in die Hirse unterrühren.
3. Das Hähnchen waschen, in mundgerechte Stücke klein schneiden und für **10 Minuten** leicht anbraten. Wichtig ist, dass es komplett durch ist!
4. Das Hirse-Gemüse und das Hähnchen in eine Schale geben und den Apfelsaft, sowie das Öl darüber geben und alles miteinander verrühren.

Notizen:____________________

Kartoffelbrei mit Lachs

Dauer: 20 Minuten
Alter: ab dem 11. Monat

Zutaten für 1 - 2 Portion

1 Fenchelknolle | 2 Kartoffeln | 1 Apfel | 50 g Lachsfilet | 1 EL Orangensaft | 2 TL Öl

Zubereitung

1. Den Fenchel und die Kartoffeln schälen, waschen, in kleine Würfel schneiden und für **15 Minuten** im Wasser köcheln lassen.
2. Den Apfel in der Zwischenzeit schälen, waschen und klein reiben.
3. Den Lachs bei mittlerer Hitze leicht anbraten.
4. Die gekochten Kartoffeln, den Fenchel und den geriebenen Apfel in eine Schale geben und den Orangensaft, sowie das Öl darüber geben.
5. Mit einer Gabel klein stampfen, so dass noch grobe Stücke übrig bleiben und den Lachs dazu servieren.

Notizen:

Kichererbsenbrei mit Reis

Dauer: 25 Minuten
Alter: ab dem 11. Monat

Zutaten für 2 Portionen

50 g Reis (roh) | 150 g Zucchini | 80 g gekochte Kichererbsen | 3 EL Orangensaft | 2 EL Rapsöl

Zubereitung

1. Die Zucchini waschen, klein schneiden und für **6 Minuten** in einem Topf köcheln lassen.
2. In der Zwischenzeit den Reis in einem Topf geben und für **20 Minuten** köcheln lassen.
3. Die Kichererbsen waschen, klein stampfen und mit dem Orangensaft, sowie den Rapsöl vermengen.
4. Die Zucchini abgießen, zu dem Kichererbsen geben und alles nochmal miteinander klein stampfen.
5. Zum Schluss den Reis abgießen und mit dem Rest vermengen.

Notizen:

Milchreis

Dauer: 20 Minuten
Alter: ab dem 11. Monat

Zutaten für 2 - 3 Portionen

75 g Milchreis | 200 ml Vollmilch | Optional Holundersirup | ½ EL Butter | 150 g gemischte Früchte

Zubereitung

1. Die Butter in einem Topf geben und schmelzen lassen.
2. Den Milchreis glasig in der Butter dünsten.
3. Die Milch dazu geben und bei niedriger Temperatur für **15 Minuten** köcheln lassen. Dabei immer wieder umrühren.
4. Das Obst der Wahl in der Zwischenzeit waschen, ggf. schälen und klein schneiden.
5. Den fertigen Milchreis dann für **10 Minuten** kalt stellen und das Obst dazugeben.
6. Mit etwas Holundersirup kann man das Ganze abschmecken.

Notizen:____________________

Johannisbeerenbrei

Dauer: 10 Minuten
Alter: ab dem 11. Monat

Zutaten für 2 Portionen

60 g Haferflocken | 1 Apfel | 2 TL Pflanzenöl | 150 g Johannisbeeren

Zubereitung

1. Die Haferflocken mit etwas Wasser aufkochen lassen, vom Herd nehmen und **5 Minuten** abkühlen lassen.
2. Die Johannisbeeren und den Apfel waschen, entkernen und klein raspeln bzw. kleine schneiden.
3. Die Johannisbeeren und den geraspelten Apfel zu dem Haferbrei geben und mit etwas Pflanzenöl übergießen.
4. Alles miteinander vermengen und lauwarm servieren.

Notizen:____________________

Zwiebackbrei

Dauer: 10 Minuten
Alter: ab dem 11. Monat

Zutaten für 2 Portionen

2 Stück Zwieback | 3 EL Apfelmus | 3 EL Fruchtsaft | Obst

Zubereitung

1. Den Zwieback in den Saft einweichen und klein stampfen.
2. Das ausgewählte Obst waschen, schälen, entkernen und klein schneiden oder fein raspeln.
3. Das Obst dann zum Zwieback geben und alles miteinander vermengen.
4. Verfeinern kann man das Ganze noch mit Apfelmus.

Notizen:____________________

Avocadostampf

Dauer: 25 Minuten
Alter: ab dem 11. Monat

Zutaten für 2 - 3 Portionen

2 Avocados | 1 EL Pflanzenöl | 300 g Kartoffeln

Zubereitung

1. Die Kartoffeln schälen, waschen, halbieren und für **20 Minuten** kochen.
2. Die Avocados entkernen und das Fruchtfleisch in eine Schale geben.
3. Die gekochten Kartoffeln abgießen, zu der Avocado geben, mit etwas Öl begießen und alles grob klein stampfen.

Notizen:____________________

Frühstücksquark mit Brot

Dauer: 10 Minuten
Alter: ab dem 11. Monat

Zutaten für 2 Portionen

100 g Quark | 100 EL Milch | 2 – 3 Brotscheiben | 1 Apfel | 1 Banane

Zubereitung

1. Den Apfel schälen, waschen und klein raspeln.
2. Die Banane klein schneiden.
3. Den Quark mit der Milch fein machen und das Obst untermischen.
4. Dazu ein weiches Brot.

Notizen:____________________

Frischkäseaufstrich

Dauer: 10 Minuten
Alter: ab dem 11. Monat

Zutaten für 2 Portionen

2 Karotten | 2 Pastinaken | 1 Avocado | 1 Apfel | 4 EL Frischkäse | Etwas Wasser

Zubereitung

1. Die Pastinaken, die Karotten und den Apfel waschen, schälen, entkernen und in etwas Wasser weich dünsten.
2. Wenn das Ganze weich genug ist in eine Masse zerdrücken, abkühlen und den Frischkäse, sowie die Avocado untermischen.

Notizen:____________________

Hühnersuppe

Dauer: 80 Minuten

Zutaten für 4 Portionen

200 g Hühnchen | 2 Zwiebeln | 2 Möhren | 1 Knollensellerie | 200 g Buchstabennudeln | 3 Pimentkörner | 1 Lorbeerblatt | 300 ml Wasser

Zubereitung

1. Die Zwiebeln schälen, klein schneiden und mit den Gewürzen (in einen Gewürzbeutel geben), sowie mit dem Huhn in einen großen Topf geben. Wasser hinzufügen und für **1 Stunde** köcheln lassen.
2. Die Möhren, den Sellerie waschen, schälen und in kleine Würfel schneiden.
3. Nach **50 Minuten** gibt man die Nudeln und das Gemüse in den Topf und kocht sie für **10 Minuten** mit.
4. Das Huhn nach der Garzeit aus dem Topf nehmen, das Fleisch vom Knochen entfernen und klein schneiden.
5. Das klein geschnittene Hühnerfleisch wird wieder in den Topf gegeben und alles wird gemeinsam nochmal aufgekocht.

Notizen:____________________

Erbsensuppe

Dauer: 60 Minuten

Zutaten für 4 Portionen

450 g Kartoffeln | Bund Suppengemüse | 650 g Erbsen | 2 Zwiebeln | 125 g Speck | 300 ml Gemüsebrühe | 2 ½ EL Öl | Pfeffer | Etwas Bohnenkraut

Zubereitung

1. Die Zwiebeln schälen und in kleine Ringe schneiden.
2. Den Speck in grobe mundgerechte Würfel schneiden.
3. Die Kartoffeln und das Suppengemüse schälen und ebenfalls in mundgerechte Würfel schneiden.
4. Das Öl in den Topf geben und zuerst die Zwiebel mit dem Speck anrösten.
5. Die Kartoffeln und das Suppengemüse dazu geben.
6. Die Gemüsebrühe wird zum Ablöschen hinzugegeben und alles für ca. **30 Minuten** köcheln lassen.
7. Nach der Kochzeit gibt man noch die Erbsen dazu und lässt alles nochmal für **5-10 Minuten** köcheln.
8. Mit Pfeffer und etwas Bohnenkraut abschmecken.

Notizen:____________________

Kartoffelsuppe

Dauer: 45 Minuten

Zutaten für 4 Portionen

400 g Kartoffeln | 100 g Wiener Würstchen | 2 Zwiebeln | 2 Knoblauchzehen | 2 EL Öl | 200 ml Hühnerbrühe | Etwas Majoran | Pfeffer

Zubereitung

1. Die Kartoffeln schälen und in mundgerechte Würfel schneiden.
2. Die Zwiebeln und die Knoblauchzehen schälen und auch klein schneiden.
3. Die Wiener Würstchen klein schneiden.
4. Das Öl in den Topf geben und die Zwiebel mit der Wurst scharf anbraten.
5. Die Kartoffeln und die Brühe dazu geben und für **30 Minuten** köcheln lassen.
6. Nach der Kochzeit wird der klein geschnittene Knoblauch dazu geben und mit Majoran, sowie Pfeffer abgeschmeckt.

Notizen:____________________

Zwiebelsuppe

Dauer: 35 Minuten

Zutaten für 4 Portionen

400 g Zwiebeln | 1 Knoblauchzehe | 1 Zitrone (Schale) | 25 g Butter | 500 ml Hühnerbrühe | Etwas Majoran

Zubereitung

1. Die Zwiebeln schälen, halbieren und klein schneiden.
2. Die Butter in einen Topf erhitzen und die Zwiebeln andünsten.
3. Mit der Hühnerbrühe ablöschen und für **10 Minuten** köcheln lassen.
4. Die Knoblauchzehe kleinhacken, die Schale der Zitrone reiben und mit etwas Majoran in den Topf geben.
5. Das Ganze für weitere **5 Minuten** köcheln lassen.

Notizen:____________________

Gemüsesuppe

Dauer: 25 Minuten

Zutaten für 4 Portionen

100 g Möhren | 150 g Brokkoli | ½ Sellerieknolle | 1 Fenchelknolle | 1 Bund Petersilie | 1 Zwiebel | 2 EL Öl | ½ L Gemüsebrühe | Pfeffer

Zubereitung

1. Das Gemüse waschen, schälen und klein schneiden.
2. Das Öl in den Topf geben und das Gemüse für ca. **10 Minuten** scharf anbraten.
3. Die Gemüsebrühe dazu geben und nochmal für **10 Minuten** köcheln lassen.
4. Die Petersilie fein schneiden und gemeinsam mit dem Pfeffer hinzufügen.

Notizen:____________________

Couscous Salat

Dauer: 30 Minuten

Zutaten für 2 Portionen

100 g Couscous | 50 g grüne Linsen | 2 Lauchzwiebeln | 2 EL Apfelessig | 125 ml Wasser | 1 Zitrone (Saft) | 1 TL Currypulver | 1 EL Rapsöl | 1 TL Gemüsebrühe

Zubereitung

1. Das Wasser, das Currypulver und das Öl in einen Topf geben und aufkochen lassen.
2. Den Couscous dazugeben, alles umrühren und bei geschlossenem Deckel kurz aufkochen lassen.
3. Den Herd auf die niedrigste Stufe stellen, immer mal wieder umrühren und ggf. Wasser nachgießen. Alles solange garen bis das Wasser aufgesogen und der Couscous gar ist.
4. Die Lauchzwiebeln waschen und klein schneiden.
5. Die Linsen mit Wasser bei mittlerer Hitze kochen, bis die Linsen gar und das Wasser aufgesogen ist.
6. Den Couscous, die gekochten Linsen und die Lauchzwiebeln in eine Schüssel geben und mit dem Apfelessig, Zitronensaft, Gemüsebrühe abschmecken.

Notizen:____________________

Kartoffelsalat mit Würstchen

Dauer: 25 Minuten

Zutaten für 2 Portionen

200 g Kartoffeln | 180 g Möhren | 1 Bund Dill | 2 Wiener Würstchen | Etwas Schnittlauch | 2 TL Apfelessig | 1 TL Senf | 5 TL Rapsöl | Pfeffer | Etwas Wasser

Zubereitung

1. Die Kartoffeln und die Möhren waschen, schälen, in Würfel schneiden und in einem Topf für ca. **20 Minuten** garen.
2. Den Schnittlauch und den Dill waschen und schneiden.
3. Die Würstchen in Scheiben schneiden.
4. Das Öl, Essig, Senf, Pfeffer und etwas Wasser zu einem Dressing verrühren.
5. Die Kartoffeln und Möhren mit den Wurstscheiben, den Schnittlauch, den Dill und dem Dressing vermengen und nach Bedarf nachwürzen.

Notizen:____________________

Minestrone

Dauer: 25 Minuten

Zutaten für 2 Portion

50 g Buchstabennudeln | 120 g frisches Gemüse | 200 ml Gemüsebrühe | 2 EL passierte Tomaten | 1 TL Parmesan | 1 Limette (Saft)

Zubereitung

1. Die Brühe zum Kochen bringen und die Nudeln nach Packungsanleitung darin garen.
2. Das Gemüse waschen und putzen bzw. schälen und in 1 cm kleine Würfel schneiden.
3. Das Gemüse ca. **3 Minuten** vor Ende der Garzeit der Nudeln in den Topf geben.
4. Die passierten Tomaten und den Limettensaft in die Suppe geben und mit Parmesan bestreuen.

Notizen:____________________

Tomaten-Mozzarella-Couscous

Dauer: 20 Minuten

Zutaten für 2 Portionen

80 g Couscous | 100 g Mozzarella | 200 g Cocktailtomaten | 160 ml Tomatensaft | 6 Stiele Basilikum | 3 EL Olivenöl | Pfeffer

Zubereitung

1. Den Couscous mit dem Tomatensaft für ca. **15 Minuten** aufquellen lassen.
2. In der Zwischenzeit Basilikum, Tomaten, Mozzarella waschen, klein schneiden bzw. klein hacken und zum Couscous geben.
3. Den Couscous dann mit dem Öl vermengen und mit Pfeffer abschmecken.

Notizen:____________________

Möhrenpuffer mit Joghurtdip

Dauer: 30 Minuten

Zutaten für ca. 8 Möhrenpuffer

200 g Kartoffel | 200 g Möhren | 1 Ei | 50 g Semmelbrösel | Etwas Olivenöl | 100 g Joghurt | Kräuter deiner Wahl | Zitrone (Saft)

Zubereitung

1. Die Kartoffeln und die Möhren schälen, waschen und für ca. **20 Minuten** kochen lassen.
2. In der Zwischenzeit den Dip vorbereiten: Joghurt und Kräuter miteinander vermengen und etwas Zitronensaft dazugeben.
3. Aus den gekochten Kartoffeln und Möhren einen Brei stampfen und diesen dann in Kugeln formen.
4. Die Kugeln dann nacheinander in dem Ei und den Semmelbröseln wenden
5. Das Öl in einer Pfanne erhitzen und die Möhrenpuffer anbraten.
6. Die fertigen Möhrenpuffer mit dem Joghurtdip servieren.

Notizen:____________________

Babypizza

Dauer: 35 Minuten

Zutaten für 2 Portionen

200 g Möhren | 25 ml Milch | ½ Würfel Weinstein-Backpulver | 200 g Mehl | 1 TL Olivenöl | 4 EL passierte Tomaten | 1 Tomaten | 100 g Kochschinken | 60 g Mozzarella

Zubereitung

1. Die Möhren schälen, waschen und für **15 Minuten** weich kochen lassen.
2. Die Tomate, den Mozzarella und den Schinken klein schneiden und zur Seite stellen
3. Die Möhren mit dem Weinstein-Backpulver und der Milch pürieren.
4. Das Mehl dazu gegeben und zu einem geschmeidigen Pizzateig geknetet.
5. Den Teig zu 2 Pizzen formen, die passierte Tomaten rüber streichen und den Belag schön verteilen.
6. Dann für **15 Minuten** bei 200 °C backen.

Notizen:____________________

Gemüsechips

Dauer: 25 Minuten

Zutaten

100 g Kartoffeln | 100 g Möhren | 1 EL Olivenöl | 100 g Rote Beete | 100 g Süßkartoffeln | Kräuter deiner Wahl

Zubereitung

1. Das Gemüse schälen, waschen, in Scheiben schneiden und in eine Schüssel geben.
2. Die Gemüsescheiben gut mit Olivenöl und den Kräutern vermengen.
3. Den Backofen auf 190°C heizen und die Gemüsescheiben auf ein Backblech geben.
4. Insgesamt **20 Minuten** backen und nach der Hälfte alles einmal umrühren.

Notizen:____________________

Bratlinge aus Linsen

Dauer: 25 Minuten

Zutaten für 6 Bratlinge

200 g Linsen | 1 Zwiebel | 125 g geraspelte Möhren | 3 EL Mehl | 1 TL Curry | Pfeffer

Zubereitung

1. Die Linsen über Nacht einweichen lassen.
2. Die Zwiebel grob schneiden und die Möhren fein raspeln.
3. Das Gemüse mit den Linsen (vorher das Wasser abschütten) Pfeffer, Curry pürieren.
4. Das Mehl hinzufügen, bis es zu einer klebrigen Masse wird.
5. Mit einem Esslöffel werden dann kleine Bratlinge geformt und in der Pfanne mit Öl angebraten.

Notizen:____________________

Möhrenkartoffelstampf

Dauer: 25 Minuten

Zutaten für 2 Portionen

4 Kartoffeln | 4 Möhren | etwas Butter | Kräuter der Wahl

Zubereitung

1. Die Kartoffeln und die Möhren schälen, waschen und für ca. **20 Minuten** kochen lassen.
2. Die gekochten Kartoffeln und Möhren mit etwas Butter zerdrücken.
3. Das Ganze mit Kräutern abschmecken.

Notizen:____________________

Pellkartoffeln mit Kräuterquark

Dauer: 30 Minuten

Zutaten für 3 - 4 Portionen

500 g Pellkartoffeln | 200 g Quark (20%) | 60 g Frühlingszwiebeln | frische Kräuter (Schnittlauch, Petersilie usw.) | 1 Zitrone (Saft)

Zubereitung

1. Die Pellkartoffeln waschen und in einen Topf für ca. **20 Minuten** kochen.
2. In der Zwischenzeit den Quark mit den Kräuter, sowie den Frühlingszwiebeln vermengen und mit etwas Zitronensaft abschmecken.
3. Die Pellkartoffeln abgießen und mit dem Quark servieren.

Notizen:____________________

Sin Carne

Dauer: 45 Minuten

Zutaten für 4 Portionen

1 Dose Kidneybohnen | 90 g Sojagranulat | 100 g Grünkern - Schrot | 1 rote Paprikaschote | 1 Zucchini | 1 große Zwiebel | Etwas Öl | 2 Tomaten | 200 g Mais | 1 Pck. passierte Tomaten | 400 ml Gemüsebrühe | 1 Prise Paprikapulver

Zubereitung

1. Das Sojagranulat und das Grünkern-schrot jeweils in aufgekochter Gemüsebrühe einweichen und ca. **20 Minuten** quellen lassen.
2. Die Zwiebel, Paprika, Tomaten und die Zucchini waschen, schälen und klein schneiden.
3. Das Öl in einen großen Topf erhitzen und die Zwiebel darin glasig dünsten.
4. Die Zucchini und Paprika hinzugeben und ca. **5 Minuten** andünsten.
5. Das abgetropfte Sojagranulat und Grünkernschrot hinzufügen und etwa **5-6 Minuten** mitbraten. Dabei immer schön umrühren.
6. Die geschälten Tomaten und die passierten Tomaten aus der Dose hineingeben.
7. Die Kidneybohnen und den Mais abtropfen lassen und ebenfalls mit in die Pfanne geben.
8. Nun alles aufkochen lassen und mit den Paprikapulver abschmecken.

Notizen:____________________

Con carne

Dauer: 45 Minuten

Zutaten für 4 Portionen

400 g Hackfleisch gemischt | 2 Zwiebeln | 2 Knoblauchzehen | 1 Dose passierte Tomaten | 1 Dose Mais | 1 Dose Kidneybohnen | 2 Paprikas | 2 EL Öl | 400 ml Gemüsebrühe | Pfeffer | Etwas Paprikapulver

Zubereitung

1. Die Zwiebeln schälen und in kleine Würfel schneiden.
2. Das Öl in den Topf geben und die Zwiebeln, sowie das Hackfleisch scharf anbraten.
3. In der Zwischenzeit die Paprika waschen, entkernen und mundgerecht klein schneiden. Zusätzlich die Knoblauchzehen schälen und klein hacken.
4. Die Paprika und den Knoblauch in den Topf geben und alles nochmal für **5 Minuten** anbraten. Dabei alles schön miteinander vermengen.
5. Die Gemüsebrühe, den Mais, die Kidneybohnen und die passierten Tomaten dazu geben und für **30 Minuten** köcheln lassen.
6. Mit den Gewürzen abschmecken.

Notizen:____________________

Kartoffelauflauf

Dauer: 40 Minuten

Zutaten für 4 Portionen

450 g Kartoffeln | 1 EL Butter | 1 Zwiebel | 100 g Kräuterfrischkäse | 300 g Champignons | 1 TL Majoran | Pfeffer | 1 Msp. Muskatnuss | 3 Stängel Petersilie

Zubereitung

1. Die Kartoffeln schälen, waschen und für **30 Minuten** köcheln lassen.
2. In der Zwischenzeit die Zwiebel schälen und klein schneiden.
3. Die Champignons putzen und auch in kleine Streifen schneiden.
4. Die Petersilie waschen und klein hacken.
5. Die Kartoffeln nach der Kochzeit klein stampfen.
6. Eine Pfanne mit etwas Butter erhitzen und die Champignons, sowie die Zwiebeln darin andünsten.
7. Nach **5 Minuten** gibt man die Kartoffelmasse und die Gewürze dazu.
8. Alles miteinander für weitere **5 Minuten** verrühren und den Backofen auf 200 Grad vorheizen.
9. Eine Auflaufform ausbuttern, die Kartoffelmasse hineingeben und den Frischkäse, sowie die Petersilie darauf verteilen und für **25 Minuten** backen.

Notizen:____________________

Gebackene Aubergine

Dauer: 30 Minuten

Zutaten für 2 Portionen

2 Auberginen | 350 g passierte Tomaten | 200 g Parmesan | Etwas Öl | Basilikumblätter | Beilage: Brot | Italienische Kräuter

Zubereitung

1. Den Backofen auf 200 Grad vorheizen.
2. Die Auberginen waschen, in Streifen schneiden, mit etwas Öl, sowie Gewürzen beträufeln und für **10 Minuten** in den Backofen geben.
3. In der Zwischenzeit die passierten Tomaten mit den italienischen Kräutern vermengen.
4. Eine Backform mit etwas Öl einfetten und Auberginen, Tomatensoße und Käse darin verteilen und für **15 Minuten** backen.
5. Nach der Backzeit abkühlen lassen und mit einem Brot servieren.

Notizen:____________________

Fischnuggets mit Kartoffeln

Dauer: 35 Minuten

Zutaten für 4 Portionen

500 g Seelachs | 500 g Blumenkohl | 300 g Kartoffeln | 350 g Erbsen und Möhren | 100 g Schlagsahne | 1 Ei | 3 EL Paniermehl | 2 EL Mehl | 2 EL Öl | 120 g Salat | 3 Tomaten | ½ Zitrone | Pfeffer | 375 ml Wasser

Zubereitung

1. Den Fisch waschen und mit einem Küchenpapier trocken tupfen und anschließend in Würfel schneiden.
2. Die Zitrone auspressen und den Fisch damit beträufeln und für ca. **20 Minuten** ruhen lassen.
3. Die Kartoffeln schälen und in grobe Würfel schneiden.
4. Den Blumenkohl putzen und in Röschen teilen.
5. Das Wasser in einem Topf mit etwas Salz erhitzen und die Kartoffeln hinein geben und für **20 Minuten** bei mittlerer Hitze garen.
6. Nach **5 Minuten** den Blumenkohl in den Topf geben und nach weiteren **5 Minuten** die Erbsen und Möhren hinzugeben.
7. Alle Zutaten im Topf fertig garen lassen.
8. Das Mehl und Paniermehl in kleine Schüsseln geben.
9. Das Ei in einer Schale mit einer Gabel verquirlen.
10. Anschließend den Fisch erst in Mehl, dann im Ei und danach im Paniermehl wenden.
11. Das Öl in der Pfanne erhitzen und den Fisch bei mittlerer Hitze unter Wenden für **5 Minuten** braten.
12. Die Schlagsahne zum Gemüse geben und alles noch einmal aufkochen lassen.
13. Das Gemüse mit Pfeffer und ggf. etwas Salz abschmecken.
14. Das Gemüse und den Fisch mit dem Salat und den Tomaten garnieren.

Notizen:____________________

Gefüllte Champignons

Dauer: 30 Minuten

Zutaten für 2 Portionen

8 Champignons | 1 Tomate | 4 EL Polenta | 1 EL Frischkäse | 1 EL Schmand | 1 TL Tomatenmark | 3 TL Rapsöl | Muskat | Pfeffer | 250 ml Wasser

Zubereitung

1. Die Pilze putzen und die Stiele entfernen.
2. Die Stiele klein hacken und in etwas Öl anbraten.
3. Die Polenta mit 250 ml Wasser zu den Pilzstielen geben, alles aufkochen und danach ca. **10 Minuten** quellen lassen.
4. Den Frischkäse zur Polenta hinzufügen und mit Salz, Pfeffer und Muskat abschmecken.
5. Die fertige Füllung in die Pilze füllen und bei mittlerer Hitze mit etwas Öl für **10 Minuten** in einem Topf schmoren lassen.
6. Die restliche Polenta in den letzten Minuten mitschmoren lassen.
7. Die Tomaten waschen und in kleine Würfel schneiden und mit Schmand, Tomatenmark, Muskat und Pfeffer vermengen und zu den Champignons servieren.

Notizen:____________________

Erbsen-Sahne-Nudeln

Dauer: 20 Minuten

Zutaten für 4 Portionen

200 g Erbsen | 80 g Nudeln | 20 g Walnüsse | 4 EL Sahne | 2 TL Rapsöl | Pfeffer

Zubereitung

1. Die Nudeln im Wasser nach Packungsanleitung kochen.
2. Die Walnüsse hacken und in einen Topf geben und rösten.
3. Das Öl, die Erbsen und die Sahne zu den Walnüssen geben und aufkochen lassen.
4. Anschließend die Nudeln zur Sauce geben und mit etwas Pfeffer abschmecken.

Hinweis: Das Rezept eignet sich für Kinder ab den 2 Lebensjahr. Außer wenn Sie gemahlene Walnüsse nehmen.

Notizen:____________________

Kürbisspalten mit Mandeldip

Dauer: 25 Minuten

Zutaten für 2 Portionen

400 g Kürbis | 2 HV Blattspinat | 150 g Naturjoghurt | 30 g Mandeln | Etwas Mineralwasser | 1 Ei | 80 g Vollkornmehl | 2 EL Rapsöl | Pfeffer

Zubereitung

1. Den Kürbis halbieren, entkernen, Schale entfernen und in 1 cm große Stücke schneiden.
2. Das Ei mit dem Mehl verrühren und mit etwas Mineralwasser verdünnen bis ein dickflüssiger Teig entsteht.
3. Den Teig würzen und die Kürbisstücke im Teig wenden.
4. Das Öl in einer Pfanne erhitzen und den Kürbis von jeder Seite **4 Minuten** braten.
5. Den Spinat waschen und entstielen und mit den Mandeln und dem Joghurt pürieren und als Dip zu dem Kürbis servieren.

Notizen:____________________

Pilzbällchen mit Radieschen

Dauer: 20 Minuten

Zutaten für 2 -3 Portionen

16 Champignons | 1 Bund Petersilie | 1 Zwiebel | 2 Eier | 10 Radieschen | 100 g Magerquark | 6 EL Semmelbrösel | 4 EL Rapsöl | Pfeffer

Zubereitung

1. Die Pilze putzen und grob hacken.
2. Die Petersilie waschen und hacken.
3. Die Zwiebel schälen und fein würfeln.
4. Die Pilze mit der Petersilie, Zwiebel, Eiern, Quark, Semmelbrösel und Pfeffer vermengen.
5. Die Masse zu kleinen Kugeln formen.
6. Das Öl in einer Pfanne erhitzen und die Kugeln für ca. **7 Minuten** von allen Seiten anbraten.
7. Die Radieschen waschen und in einem Mixer zerkleinern.
8. Die Radieschenmasse mit etwas Quark vermengen und zu den Pilzbällchen servieren.

Notizen:____________________

Rosenkohl-Polenta

Dauer: 30 Minuten

Zutaten für 2 Portionen

80 g Polenta | 400 g Rosenkohl | 200 ml Milch | 60 g geriebener Käse | 2 EL Butter | Paprikapulver | Muskat | Pfeffer

Zubereitung

1. Den Rosenkohl waschen und für **15 Minuten** köcheln lassen.
2. Die Milch in einen Topf geben und den Maisgrieß, sowie die Gewürze einrühren.
3. Das Ganze für **5 Minuten** unter Rühren köcheln lassen.
4. Den Rosenkohl abgießen, halbieren und zu den Maisgrieß dazu geben.
5. Mit Butter und Reibekäse bestreuen und servieren.

Notizen:____________________

Fleischbällchen mit Couscous

Dauer: 25 Minuten

Zutaten für 2 Portionen

200 g Blattspinat | 100 g Hackfleisch | 80 g Couscous | 60 g Maronen | 40 ml Wasser | 2 Zwiebeln | 2 EL Rapsöl | Muskat | Pfeffer | 40 ml Wasser

Zubereitung

1. Die Zwiebeln schälen, halbieren und in Würfel schneiden.
2. Den Spinat waschen und in Streifen schneiden
3. Die Maronen klein hacken, mit dem Hackfleisch vermengen und in kleine Fleischbällchen formen.
4. Etwas Öl in einer Pfanne erhitzen und die Fleischbällchen anbraten.
5. Die feinen Zwiebelwürfel und den Spinat hinzufügen.
6. Das Wasser zufügen, den Couscous und die Gewürze unterrühren und für **5 Minuten** ziehen lassen.

Notizen:____________________

Gemüsepommes

Dauer: 20 Minuten

Zutaten für 2 Portionen

200 g Magerquark | 200 g Avocado | 400 g gemischtes Gemüse nach Wahl | 4 EL Naturjoghurt | 2 TL Zitronensaft | 120 g Mehl | Etwas Kokosöl | Gewürze deiner Wahl

Zubereitung

1. Die ausgewählten Gemüsesorten schälen und zu „Sticks“ schneiden.
2. Die Gemüsesticks im Mehl wenden.
3. Das Öl in einer Pfanne erhitzen und für ca. **4 Minuten** von allen Seiten anbraten.
4. Die Avocado schälen, grob würfeln und mit einer Gabel zerdrücken.
5. Die Avocado mit Quark, Naturjoghurt, Zitronensaft und Gewürzen vermengen und als Dip dazu servieren.

Notizen:____________________

Grießklöße

Dauer: 15 Minuten

Zutaten für 8 Grießklöße

500 ml Milch | 1 EL Zucker *(ggf. Zuckerersatz* /Siehe S. 33*)* | 125 g Dinkelgrieß | 100 g Bio-Apfelmus | Etwas Butter

Zubereitung

1. Die Milch mit dem Zucker in einem Topf erhitzen und den Dinkelgrieß langsam einrieseln lassen.
2. Alles zusammen verrühren, bis ein Brei entsteht. Dann zur Seite stellen.
3. Die Butter in eine Pfanne schmelzen lassen.
4. Aus dem Brei werden kleine Klößchen geformt und die flüssige Butter darüber begossen.

Super dazu schmeckt Apfelmus.

Notizen:____________________

Karotten-Apfel-Brötchen

Dauer: 90 Minuten

Zutaten für 8 Brötchen (je nach Größe)

400 g Dinkelmehl | 50 g Haferflocken | 100 g Äpfel | 100 g Karotten | 1 Pck. Weinstein - Backpulver | 80 ml Orangensaft | 80 ml Wasser | 2 EL Sirup | 50 ml Rapsöl

Zubereitung

1. Das Mehl, Backpulver, Saft, Sirup, Wasser, Öl in eine Schüssel geben, verrühren, anschließend zu einem Teig kneten und danach für **25 Minuten** abgedeckt gehen lassen.
2. In der Zwischenzeit die Äpfel und die Möhren schälen, waschen, klein raspeln und danach unter den Teig vermengen.
3. Für weitere **45 Minuten** gehen lassen und den Backofen bei 190 Grad vorheizen.
4. Aus dem Teig kleine Brötchen formen, auf einen Backblech verteilen und für **30 Minuten** backen.

Notizen:

Quarkpuffer mit Rhabarberkompott

Dauer: 30 Minuten

Zutaten für 2 Portionen

150 g Magerquark | 50 g Haferflocken | 2 Stangen Rhabarber | 2 Eier | 2 TL Zucker (ggf. Zuckerersatz/siehe S. 33) | 2 TL Puderzucker | 10 EL Traubensaft (rot) | 4 EL Rapsöl

Zubereitung

1. Die Eier trennen und das Eigelb mit Quark und Haferflocken verrühren und für ca. **10 Minuten** quellen lassen.
2. Den Rhabarber waschen und in 1 cm große Stücke schneiden.
3. Den Rhabarber mit dem Traubensaft in einem Topf erhitzen und für ca. **7 Minuten** bei geringer Hitze garen.
4. Den Rhabarber süßen und abkühlen lassen.
5. Das Eiweiß steif schlagen und unter den Teig heben.
6. Etwas Öl in einer Pfanne erhitzen und die Puffer für ca. **2 Minuten** braten.
7. Die fertigen Puffer mit Puderzucker bestäuben und mit dem Kompott servieren.

Notizen:

Apfelspalten mit Joghurtdip

Dauer: 30 Minuten

Zutaten für 2 Portionen

2 Äpfel | 2 Eier | 300 g Joghurt | 4 EL Mehl | 4 EL Milch | 4 EL Haferflocken | 2 TL Ahornsirup | 3 EL Rapsöl

Zubereitung

1. Für den Teig die Eier in einer Schüssel verquirlen und Mehl, Haferflocken, sowie die Milch hinzufügen und gut miteinander vermengen. Für ca. **30 Minuten** quellen lassen.
2. In der Zwischenzeit die Äpfel waschen, Kerngehäuse entfernen, vierteln und in Spalten schneiden.
3. Die Apfelspalten in Mehl wenden und durch den Teig ziehen.
4. Etwas Öl in eine Pfanne geben und die Apfelspalten goldbraun anbraten.
5. Aus dem Joghurt und den Ahornsirup einen cremigen Dip rühren.
6. Die Apfelspalten mit dem Dip servieren.

Notizen:____________________

Apfelpfannkuchen

Dauer: 10 Minuten

Zutaten für 4 Portionen

500 ml Vollmilch | 100 g Vollkornmehl | 100 g Weizenmehl | 2 Eier | 1 EL Butter | 2 Äpfel

Zubereitung

1. Das Mehl, die Milch und die Eier miteinander vermischen, so dass eine homogene Masse entsteht.
2. Die Äpfel waschen, schälen, in kleine Würfel schneiden und zu dem Teig geben.
3. Eine Pfanne mit etwas Butter erhitzen und den Teig darin leicht anbraten, dass Pfannkuchen entstehen.

Notizen:____________________

Apfel-Müsli-Makronen

Dauer: 30 Minuten

Zutaten für 2 Portionen

80 g Amaranth (gepufft) | 1 Apfel | 2 Eier | 2 EL Sesam | 2 EL Honig | 5 EL Haferflocken

Zubereitung

1. Den Backofen auf 160 Grad vorheizen.
2. Den Apfel waschen, halbieren, entkernen und anschließend fein reiben.
3. Die Eier trennen und das Eiweiß steif schlagen.
4. Den Amaranth mit Apfel, Haferflocken, Eigelb, Sesam und Honig unter den Eischnee rühren.
5. Aus der Masse kleine Häufchen formen und auf ein Backblech mit Backpapier legen und für **20 Minuten** in den Ofen geben.

Notizen:____________________

Pancakes

Dauer: 10 Minuten

Zutaten für 2 Portionen

2 Eier | 2 Bananen | 4 EL Vollkornmehl | Optional Früchte deiner Wahl

Zubereitung

1. Die Eier, das Mehl und die Bananen zusammen pürieren, bis eine homogene Masse entsteht.
2. Bei niedriger Temperatur den Teig in einer Pfanne braten.
3. Das Ganze mit Früchten garnieren.

Notizen:____________________

Nusskugeln

Dauer: 10 Minuten

Zutaten für 10 Energiekugeln

70 g Mandeln | 70 g Cashewnüsse | 100 g Datteln | 2 TL Kakao | 2 TL Chiasamen | 2 TL Kokosöl

Zubereitung

1. Alle Zutaten werden in einen Mixer gegeben und solange gemixt bis eine klebrige Masse entsteht.
2. Die Masse in kleine Kugeln formen und für 1 Stunde in den Kühlschrank stellen.

Notizen:____________________

Fruchttraum

Dauer: 20 Minuten

Zutaten für 3 Portionen

1 HV Blaubeeren | 1 HV Himbeeren | 50 ml Orangensaft | 25 g Puderzucker | 4 Baisers oder Kekse | 200 g Sahne

Zubereitung

1. Die Hälfte der Früchte ganz lassen und die andere Hälfte in einer Schüssel zerdrücken.
2. In der Schüssel den Organsaft, sowie den Puderzucker unterrühren und **10 Minuten** ruhen lassen.
3. In der Zwischenzeit die Sahne steif schlagen und die Baisers bzw. Kekse zerbröseln.
4. Dann die Früchte, die Creme und die zerbröselten Baisers in einem Glas/Behälter schichten.

Notizen:____________________

Erdbeereis

Dauer: 5 Minuten

Zutaten für 2 Portionen

½ Tasse Joghurt | ½ Tasse Erdbeeren | 4 Eiswürfel | 2 TL Zucker (ggf. Zuckerersatz/siehe S. 33)

Zubereitung

1. Die Erdbeeren waschen und etwas zerkleinern.
2. Alle Zutaten miteinander vermengen und in die Eismaschine geben bis eine cremige Masse entstanden ist.

Notizen:____________________

Beerenjoghurt mit Knuspermüsli

Dauer: 5 Minuten

Zutaten für 4 Portionen

200 g Beerenmix | 350 g Naturjoghurt | 4 EL Knuspermüsli | 1 EL Ahornsirup

Zubereitung

1. Den Joghurt mit dem Ahornsirup vermengen.
2. Den Beerenmix und das Knuspermüsli dazu geben.
3. Alles miteinander gut vermengen.

Notizen:____________________

Was bedeutet Meal Prep?

Meal Prep steht als Abkürzung für Meal Preparation und bedeutet somit eigentlich nichts anderes als die Vorbereitung von Gerichten. Dies mag im ersten Moment banal klingen, denn selbstverständlich muss jedes Gericht vorbereitet werden, bevor es gegessen werden kann. Doch Meal Prep meint eine Vorbereitung der Speisen, um sie zu einem späteren Zeitpunkt essen zu können. Es handelt sich somit um eine Form des Vorkochens, die Rückkehr zu alten Gewohnheiten, die schon unsere Großmütter einsetzten. Die Modernisierung mit ihren neuartigen Kochutensilien und Geräten hat jedoch dazu beigetragen, dass wir immer mehr von diesen Gewohnheiten Abstand genommen haben. Es ist jedoch zu erkennen, dass uns die Moderne nicht ausschließlich positives bringt. In einer Zeit, in der alles schnell geschehen muss und Zeit kaum noch vorhanden ist, sind auch unsere Essgewohnheiten schnelllebig geworden. Viele Lebensmittel werden von der Einkaufsliste gestrichen, weil sie uns zu klobig und zu schwer erscheinen, wir gar nicht so weit in die Zukunft denken, um uns zu überlegen, wann wir sie zubereiten sollten. Auch müssen die Gerichte immer zeitsparender zuzubereiten sein. Besonders morgens, wenn die Kinder für ihren Kindergarten- oder Schultag vorbereitet werden müssen, bleibt kaum Zeit, aufwendige Brotdosen vorzubereiten. Es ist in vielen Situationen einfacher, bereits abgepackte Lebensmittel mitzugeben. Ausgewählt werden hierfür meist Sandwichs und Snacks, deren Inhaltsstoffe oft unbekannt sind. Auch wenn Sie sich sicherlich immer wieder gute Vorsätze machen und sich versprechen, dass Sie in Zukunft besser auf die Ernährung Ihrer Sprösslinge achten werden, Kinder gewöhnen sich sehr schnell an bestimmte Muster und Geschmäcker, sodass es schwer wird, Ihre Kinder an gesundes und ausgewogenes Essen zu gewöhnen. Hinzu kommt, dass abgepacktes Essen meist leckerer schmeckt als Gemüse oder Obst, denn die Lebensmittelindustrie sorgt dafür, dass die Produkte mit Hilfe von Geschmacksverstärkern schmackhafter erscheinen und nachgekauft werden. Gesund ist dies jedoch nicht und Sie haben in den meisten Fällen nicht einmal einen genauen Überblick darüber, was Ihr Kind im Laufe des Tages alles isst.

Aus diesem Grund bleiben viele Menschen in dieser Zeit einen Moment stehen, drehen sich um und betrachten alte Techniken und Zubereitungsformen. Hierzu gehört auch das Meal Prep, Vorzukochen und Speisen für einen späteren Zeitpunkt vorzubereiten. Das klingt vielleicht altbacken, doch die wahre Kunst liegt darin, altes und neues zu vereinen und daraus eine Technik zu entwickeln, die den Familien von heute bei ihrem täglichen Leben helfen kann. Hierfür werden traditionelle Gerichte und Vorbereitungstechniken so abgewandelt, dass sie perfekt auf die modernen Gerätschaften einer heutigen Küche angepasst werden. Backofen, Kühlschrank und Gefrierfach sind nur einige der Maschinen, die bei der Bereitung der Gerichte behilflich sind.

Sinn und Zweck hinter Meal Prep

Für unsere Großmütter bestand der größte Vorteil dieser Vorbereitungsform darin, Lebensmittel dann zu verwenden, wenn sie geerntet werden und diese zu einem späteren Zeitpunkt essen zu können. Dies ist heute zwar häufig nicht mehr notwendig, denn die meisten Lebensmittel sind rund um das Jahr erhältlich und aus dem eigenen Garten kommt meist kaum noch etwas.

Doch Eltern haben heute meiste ein ganz anderes Problem: Zeit! Hiermit ist sowohl die Zeit gemeint, die wir mit unseren Kindern verbringen, als auch die, welche wir aus den verschiedensten Gründen nicht mit ihnen verbringen. Da heutzutage meist beide Elternteile arbeiten, werden die Kinder schon ab einem relativ geringen Alter fremd betreut. Dies birgt selbstverständlich einige wichtige Vorteile, denn beide Elternteile können auf diese Weise neben ihrer Familie auch eine Karriere vorantreiben. Darüber hinaus bin ich selbst der Meinung, dass es unseren Kindern nicht schadet, einen Teil des Tages ohne einen Elternteil zu verbringen. Sie lernen, sich zu verteidigen, selbständig Dinge zu erreichen und Freundschaften zu schließen. Darüber hinaus tut es beiden Elternteilen gut, ihren Ausgleich auch außerhalb der eigenen vier Wände zu finden. Sei dies bei der Arbeit, beim Sport oder mit Freunden. Die gemeinsame Zeit können wir so noch viel bewusster erleben und genießen.

Doch geben wir mit dieser Betreuung durch Dritte auch den Überblick über den Tag unseres Kindes ab. Wir wissen nicht mehr, wann es gespielt hat, wie oft es auf dem Töpfchen war und ob es seinen Mittagsschlaf gemacht hat. Ein sehr wichtiger Faktor, der dabei ebenfalls verloren geht, ist die Überwachung der Essgewohnheiten. Sowohl im Kindergarten, als auch in der Schule, können wir nicht genau beobachten, ob unserem Kind das Essen geschmeckt hat und ob es aufgegessen hat. Hinzu kommt, dass wir die gemeinsame Zeit mit unserem Kind auskosten möchten und von unserem anstrengenden Tag auf der Arbeit so müde sind, dass wir immer seltener dazu kommen, aufwendige Gerichte zuzubereiten. Dies führt dazu, dass immer öfter zu Speisen gegriffen wird, die schnell gekocht oder bereits fast fertig gekauft werden können. Besonders für den Kindergarten und die Schule scheinen sich Lebensmittel zu eignen, die fertig verpackt sind. Man kann sie schnell mitgeben, sie krümeln nicht im Schulranzen und unsere Kinder mögen sie vor allem wegen der Figuren und den lustigen Aufdrucken, mit denen die meisten Marken werben.

Dabei fallen die Inhaltsstoffe und Nährstoffwerte dieser Produkte meist überhaupt nicht ins Gewicht, wenn wir unsere Kaufentscheidung fällen. Es muss schnell und unkompliziert sein, unseren Kindern gefallen (denn sonst essen sie es womöglich gar nicht und werfen es weg) und schön aussehen.

Meal Prep greift dieses Konzept wieder auf. Die Zubereitung in Dosen und Gläsern macht den Transport der Gerichte einfach. Die Vielfalt der Speisen macht es möglich, dass für jeden Sprössling etwas dabei ist und die kreative Gestaltung und Schichtung der einzelnen Lebensmittel sorgt dafür, dass die Gerichte schön aussehen, denn das Auge isst bekanntlich mit.

Mit Hilfe dieser Zubereitungsform wird es Ihnen möglich, wieder einen Überblick darüber zu erhalten, welche Lebensmittel Ihr Kind täglich isst. Sie haben die Fäden in der Hand und können durch geschickte Planung erreichen, dass Ihr Kind sich ausgewogen und nährstoffreich ernährt.

So kaufen Sie richtig ein

Einkaufen ist eine Kunst für sich. Das schwierige ist meist nicht der Gang in den Supermarkt, obwohl auch hier so einiges falsch gemacht werden kann. Wichtig ist vor allem, den Einkauf richtig vorzubereiten. Mir ist bewusst, Vorbereitung ist immer eine Zeitfrage. Viele Menschen gehen deshalb unvorbereitet in den Supermarkt. Das Resultat ist jedoch, dass ein Großteil der notwendigen Dinge vergessen wird und darüber hinaus furchtbar viel Zeit damit vergeudet wird, die einzelnen Gänge des Supermarkts mehrmals abzugehen, bis auch wirklich alles gefunden wurde. Im Endeffekt ist es somit zeitsparender, eine gute Vorbereitung zu machen und dafür den Einkauf selbst reibungslos durchziehen zu können.

Wichtig sind hierbei folgende Dinge:

- Ein Essensplan: Nehmen Sie sich die Zeit, einen konkreten Plan darüber anzulegen, was Sie wann essen werden. Sie können diesen Plan entweder für die nächsten Tage, eine Woche oder mehrere Wochen anlegen und so detailliert ausarbeiten, wie es Ihnen beliebt. Auf diese Weise wird es Ihnen ermöglicht, zu erkennen, welche Lebensmittel Sie in welchen Mengen brauchen werden. Wenn Sie Ihre Einkäufe in mehreren Lebensmittelgeschäften machen, dann spart Ihnen dies in den folgenden Tagen den Gang in den jeweiligen Supermarkt. Lebensmittel, die länger haltbar sind, können Sie so bereits einkaufen. Nahrungsmittel, die nur eine kurze Haltbarkeitsdauer haben, können Sie mit dieser Technik optimal einplanen und gegebenenfalls mehrmals in unterschiedlichen Zubereitungsformen verwenden.

Darüber hinaus wird es Ihnen durch eine gute Planung möglich, zu erkennen, wie ausgewogen Ihre Ernährung tatsächlich ist. Sie können besser sehen, wann Sie beispielsweise welches Hauptnahrungsmittel verwenden, welche Beilagen Sie verwenden können, um Ihren Körper mit unterschiedlichen Nährstoffen zu versorgen und welche Lebensmittel Sie zu oft verwenden und deshalb in Zukunft ersetzen sollten.

Wenn Sie damit beginnen, die Gerichte für Sie und Ihre Kinder vorzukochen, dann können Sie die einzelnen Zutaten mit Hilfe eines Essensplans viel besser organisieren und unterbringen.

- Eine Einkaufsliste: Auch wenn in großen Supermärkten heute geradezu alles zu finden ist, so hat jede Familie doch ihre ganz persönlichen Vorlieben. Der Joghurt schmeckt in einem Supermarkt besser als in den anderen, eine bestimmte Milchsorte sagt uns besonders zu oder aber die Fleischprodukte sind in dem einen Markt deutlich besser als in einem anderen. So passiert es, dass der Einkauf nicht nur in einem Laden stattfindet, sondern in mehreren. Um hierbei nicht den Überblick zu verlieren ist es überaus hilfreich, vor dem Einkauf eine detaillierte Liste zu schreiben. Wenn Ihnen Ihr Supermarkt bereits vertraut ist, dann kann es helfen, diese Liste so aufzubauen, wie die Lebensmittel in dem Laden zu finden sind. Auf diese Weise vergessen Sie nichts und müssen die Gänge auch nicht mehrmals ablaufen. Darüber hinaus fällt es Ihnen so leichter, die Sektionen, in denen Sie bereits waren, einfach umzuklappen. Wenn Sie Ihren Einkaufszettel in einer App auf Ihrem Smartphone verwalten, so kann der richtige Aufbau ebenfalls bei der Übersichtlichkeit helfen.

Den richtigen Zeitpunkt wählen: Auch wenn Sie mit einer detaillierten Einkaufsliste gewappnet sind und der Einkauf sich ganz wie von alleine abspielen sollte, auch der richtige Zeitpunkt ist wichtig. Versuchen Sie, den großen Wocheneinkauf so zu planen, dass

Sie nicht im Stress sind. Wenn Ihre Kinder bereits groß genug sind, um richtig am Einkauf teilzunehmen, dann kann es helfen, sie aktiv mit einzubinden. Auf diese Weise wird ihr Interesse an den einzelnen Lebensmitteln und ihrem Anfangszustand geweckt. Sind Ihre Kinder noch klein, so kann es helfen, den Einkauf ohne sie zu machen. Sie sind sonst zu abgelenkt und gestresst, sodass Sie unnötig gewisse Lebensmittel vergessen und nicht die Ruhe finden, einzelne Nahrungsmittel auf ihre Inhaltsstoffe zu überprüfen.

Darüber hinaus sollten Sie versuchen, Ihre Einkäufe nicht dann zu tätigen, wenn Sie selbst hungrig sind. Auch wenn Sie Ihre Einkaufsliste haben und sich fest vorgenommen haben, nur die Dinge, die auf dieser Liste erscheinen, zu kaufen. Wenn Sie selbst hungrig sind, dann neigen Sie dazu, auch unnötige Nahrungsmittel, welche Sie so nicht eingeplant hatten, zu kaufen. Diese sind entweder nicht gesund, weshalb Sie versuchen wollten, einen weiten Bogen um diese Lebensmittel zu machen. Oder aber sie passen nicht in Ihren Essensplan für die kommenden Tage. In diesem Fall kann es Ihnen passieren, dass Sie letztendlich keine Verwendung für die Nahrungsmittel finden und diese verkommen.

Wenn es Ihnen möglich ist, dann planen Sie Ihren Einkauf so, dass möglichst wenig Menschen sich im Supermarkt drängen. Das sorgt nur für unnötigen Stress und kann dazu führen, dass Sie die Freude am Einkaufen verlieren. Auch in diesem Zusammenhang ist Meal Prep überaus praktisch, denn Sie sind an vielen Tagen nicht mehr auf einen spontanen Einkauf angewiesen. Sie planen im Voraus und besorgen die Lebensmittel so, wie es Ihnen besonders gut in den Tagesplan passt. Anschließend bereiten Sie die Lebensmittel vor, sodass ihre Haltbarkeitsdauer deutlich verlängert wird und Sie die Speisen nur noch aufbereiten müssen, bevor Sie sie essen.

Welche Zutaten sollten immer vorrätig sein?

Ich kann Ihnen in diesem Zusammenhang keine konkrete Übersicht aller Lebensmittel geben, denn jede Familie und jeder Haushalt kochen anders und haben bestimmte, ganz unterschiedliche Vorlieben.

Wichtig ist jedoch, dass Sie auf die Vielseitigkeit Ihrer Küche achten.

Dinge, die niemals fehlen sollten, sind Gewürze. Sie haben in vielen Fällen nur einen Einfluss auf den Geschmack, stehen also nicht in direktem Zusammenhang dazu, wie gesund die von Ihnen zubereiteten Gerichte sind. Sie sind aber maßgeblich für die Abwechslung und den einzigartigen Geschmack der Speisen und beeinflussen darüber hinaus die Haltbarkeit der einzelnen Gerichte. Kinder sind zwar noch sehr empfindlich für Gewürze, weshalb Sie stets mild würzen sollten, doch hilft es Ihren Kindern, verschiedene Geschmacksrichtungen kennen und lieben zu lernen.

Darüber hinaus sollten Sie darauf achten, dass Sie Ihre Einkäufe möglichst abwechslungsreich und ausgewogen gestalten. Auch wenn Meal Prep die perfekte Vorbereitungsform ist, um kreativ zu werden und abwechslungsreich zu kochen, so haben wir doch jeder unsere Lieblingsgerichte und wenn Sie nicht aufpassen, so kann es passieren, dass Sie sich bald vor einem ganzen Regal voller vorbereiteter Speisen vorfinden, die alle irgendwie sehr ähnlich sind.

Wichtig ist außerdem, dass Sie Ihre Vorräte regelmäßig überprüfen. Auf diese Weise verhindern Sie, dass Sie plötzlich eine bestimmte Zutat nicht mehr vorrätig haben.

Versuchen Sie, möglichst viele Grundnahrungsmittel zu haben, die lange haltbar sind. Reis, Nudeln, Kartoffeln, Hirse oder Quinoa lassen sich problemlos lagern. Wenn Sie dann frische Lebensmittel, wie Gemüse, Fleisch und Obst kaufen, dann können Sie die Gerichte beliebig kombinieren.

Im nächsten Kapitel werde ich näher auf die verschiedenen Formen von Meal Prep eingehen. Ein weiterer Tipp ist jedoch auch, Gemüse und Fleisch in größeren Mengen zu kaufen. Dies kann nicht nur kostengünstiger sein, sondern ermöglicht es Ihnen auch, bestimmte Lebensmittel dann zu kaufen, wenn sich die Möglichkeit bietet. Wenn Sie beispielsweise einen Markt nur einmal im Monat aufsuchen, dann können Sie bei dieser Gelegenheit bereits für den ganzen Monat kaufen, was Sie essen werden. Selbstverständlich meine ich hiermit nicht alle Nahrungsmittel. Doch es gibt immer Lebensmittel, die wir am liebsten von einem Hersteller kaufen, bei welchem uns die Herkunft der Produkte gewiss ist.

Verschiedene Formen von Meal Prep

Es gibt die unterschiedlichsten Formen, Essen so vorzubereiten, dass es zu einem späteren Zeitpunkt problemlos gegessen werden kann.

- Tiefgefroren: Sie können entweder einzelne Zutaten einfrieren, sodass Sie sie später zu den gewünschten Gerichten kombinieren können. Zahlreiche Speisen können aber auch fertig gekocht werden. Wenn Sie sie essen möchten, müssen Sie sie nur noch erhitzten. Wenn Sie hierfür die geeigneten Gefäße verwenden und die richtige Technik, dann kann kein Gefrierbrand entstehen und die Gerichte behalten ihren ursprünglichen Geschmack bei. Spinat, Erbsen, Möhren, Brokkoli, Mais und Blumenkohl eignen sich hervorragend dazu, tiefgefroren zu werden. In vielen Fällen benötigen Sie für ein Gericht keinen ganzen Brokkoli und würden ihn deshalb normalerweise ganz weglassen, um nicht einen Teil entsorgen zu müssen. Möhren halten sich im Kühlschrank zwar recht lange. Es kann deutlich Zeit sparen, sie zu schälen und zu schneiden und anschließend nur noch die benötigte Menge aus dem Kühlfach zu nehmen, wenn Sie sie kochen möchten. Für Gemüse, welches ungekocht verwendet werden soll, eignet sich diese Technik jedoch weniger. Gurken, Tomaten und andere Gemüsesorten mit einem hohen Wasseranteil, gehen beim Einfrieren kaputt. Sie verändern ihre Struktur. Auch Kartoffeln sind nicht geeignet, da sie durch den Prozess des Einfrierens ihren Geschmack deutlich verändern und süß werden. Fleisch und Fisch sind jedoch, sowohl gekocht als roh sehr gut geeignet. Auf diese Weise können Sie einen großen Braten in Portionen aufteilen und anschließend auftauen, sobald Sie ihn brauchen.

- In Gläsern: Einweckgläser sind für das Meal Prepping überaus praktisch. Sie lassen sich luftdicht verschließen und machen es möglich, sowohl rohe, als auch gegarte Speisen, über einen längeren Zeitraum haltbar zu machen. Auf diese Weise können Sie sowohl herzhafte, als auch süße Speisen in größeren Mengen vorkochen und dann aufmachen, wenn Sie es möchten. Besonders Kinder haben große Freude daran, die Gerichte in den Gläsern zu schichten und die unterschiedlichen Zutaten dafür zu verwenden. Sogar kleine Kuchen können in Gläsern hergestellt werden, wobei dies eine tolle Gelegenheit ist, um die Kreativität Ihrer Kinder zu fördern und sie selbst entscheiden zu lassen, welche Extrazutaten sie in ihren Küchlein möchten. Dies ist eine spielerische Weise, an die Zubereitung von Essen und das Thema gesunder Ernährung heranzugehen.

- In Dosen: Auch Dosen eignen sich hervorragend, um Gerichte vorzubereiten. Es gibt Dosen aus Plastik, welche sich luftdicht verschließen lassen. Somit bleibt geht das Aroma der Speisen nicht verloren und darüber hinaus sind sie länger haltbar. Fertig vorbereitete Gerichte lassen sich mehrere Tage lagern, mit dem richtigen Dressing werden sie dabei jedes Mal schmackhafter.

- Trocken lagern: Verschiedenes Obst können Sie in der jeweiligen Saison in größeren Mengen einkaufen und im Ofen oder einem Dörrgerät trocknen. So können Sie Ihre eigenen Ananasringe, Apfelringe und getrockneten Aprikosen machen, bei denen Sie ganz genau wissen, dass keine zusätzlichen Süßungsmittel verwendet wurden. Auch Pilze und Fleisch lassen sich trocknen, sowie selbstgemachter Tee. Meal Prep ist keine bestimmte Diät oder der Verzehr von bestimmten Lebensmitteln. So vielseitig wie die Zubereitungs-, und Lagerungsformen sind auch die Nahrungsmittel, die verwendet werden können.

So wie die Formen der Aufbewahrung, sind auch die Formen der Vorbereitung sehr vielseitig umsetzbar. Sie können bereits das säubern und kleinschneiden bestimmter Lebensmittel als eine Art des Meal Prep bezeichnen. Doch darüber hinaus können die Nahrungsmittel gegart oder roh eingelegt werden. Sie merken, es öffnen sich Ihnen schier unendliche Möglichkeiten, die unterschiedlichsten Gerichte zuzubereiten.

Die Rezepte sollen Sie dazu anregen, Ihrer eigenen Kreativität freien Lauf zu lassen und ganz neue Speisen zu kreieren. Das Konzept des Meal Prepping ist so einfach, dass dies keine Schwierigkeiten bereiten sollte, sobald Sie erst einmal das Konzept verstanden haben.

Vor- und Nachteile

Die Vorteile von Meal Prep sind genauso zahlreich, wie ihre Zubereitungsformen. Sie sind in diesem Buch bereits in den vorigen Kapiteln angesprochen worden. In diesem Kapitel werde ich sie jedoch noch einmal kompakt zusammentragen, es folgen deshalb die Vorteile von Meal Prep auf einen Blick:

- Zeitsparend: selbstverständlich müssen Sie sich in einem Moment die Zeit nehmen, um die ganzen Gerichte vorzubereiten. Sie sparen jedoch Zeit! Wenn Sie beispielsweise innerhalb eines Monats einige Male Bohnen zubereiten werden, so können Sie diese an einem Tag ihres Beliebens kochen und in Portionen in Gläsern einkochen oder im Kühlschrank einfrieren. So müssen Sie nicht mehr auf Dosen zurückgreifen, die Sie im Supermarkt finden und in denen sich neben Bohnen auch noch Süßungsmittel und andere Zusatzstoffe befinden. Zeit ist ein kostbares Gut, in den meisten Fällen fehlt uns jedoch nicht die Zeit, wir schaffen es nur nicht, sie optimal zu managen und unseren Tag zu organisieren. Besonders die Momente vor dem Essen sind stressig. Morgens müssen die Kinder angezogen werden, das Frühstück muss auf dem Tisch stehen, wobei Sie selbst sich auch noch für Ihren Arbeitstag vorbereiten müssen. Da bleibt oft keine Zeit, um in aller Ruhe die Brotdosen für die Schulpausen und den Kindergarten zusammenzustellen. Mittags kommen die Kinder von der Schule oder müssen aus dem Kindergarten abgeholt werden. Auch dies ist mit Stress verbunden, meist bleibt zwischen Arbeit, Haushalt und Familie tagsüber kaum ein Moment, in welchem man in Ruhe kochen könnte. Doch dann gibt es auch wieder Augenblicke, in denen wenig los ist. Die Kleinen sind bei Freunden oder mit der Großmutter unterwegs. Vielleicht sind sie auch schon im Bett. Wenn Sie Ihre Zeit optimal managen, dann können Sie in einem solchen Augenblick zu den Töpfen und Pfannen greifen und bereits die Mahlzeiten für die nächsten Tage und Wochen vorbereiten.

- Kostensparend: Sie werden sich wundern, denn auf den ersten Blick erscheint es Ihnen vielleicht nicht möglich, mit diesem Verfahren auch noch Kosten zu sparen. Doch wenn Sie bei Ihrem Meal Prep gut planen, so schaffen Sie es tatsächlich, sogar günstiger einzukaufen als sonst. Sie können nun größere Mengen einkaufen und dabei auf saisonale Angebote achten. Die Preise von Obst, Gemüse und Fleisch schwanken im Laufe der Wochen deutlich. Wenn Sie an besonders günstigen Tagen zuschlagen, dann können Sie deutliche Rabatte erzielen.

- Deutlich gesünder essen: Auch wenn Sie sich immer wieder vornehmen, gesund zu essen und täglich zu kochen, wenn Sie nichts bereits vorbereitetes zuhause haben, dann fällt es sehr schwer, die nötige Disziplin und Motivation aufzubringen, um diese guten Vorsätze anhaltend in die Tat umzusetzen. Oft fehlt an einem bestimmten Tag die Zeit oder die Lust, aufwendig zu kochen. Dann kann schnell mal ein Pizzatag oder Einzug halten oder aber der Gang zu einer Fastfood Kette. Wenn Sie jedoch wissen, dass zuhause bereits fertige Gerichte auf Sie warten und Sie diese lediglich erhitzen müssen, dann fällt es sehr viel leichter, sich an die gesunde, ausgewogene Ernährung zu halten und die Fastfood Gerichte links liegen zu lassen.

- Deutlich höhere Motivation zum Kochen: Wenn Sie zu den Menschen gehören, die zwar grundlegend gerne kochen, denen jedoch im Alltag die nötige Motivation und auch die Kraft fehlt, um dies täglich zu tun, dann ist Meal Prep genau das richtige für Sie. Während Sie die Gerichte für die nächsten Tage und Wochen planen, läuft Ihnen bereits das Wasser im Mund zusammen und Sie freuen sich sehr viel mehr auf das anschließende Kochen. Darüber hinaus ist es überaus befriedigend, zu sehen, wie Glas um Glas, Dose um Dose gefüllt werden und ein riesiger Vorrat an neuem, leckerem Essen entsteht.

- Kinder einbeziehen: Wenn Sie aus der Vorbereitung des Essens ein richtiges Ritual machen, etwas Besonderes, an dem Ihre Kinder aktiv teilnehmen, dann können Sie einen ganz neuen Bezug zu Essen und Ernährung schaffen! Nutzen Sie das Potential des Meal Prep, um Ihren Kindern beizubringen, wie verschiedene Zutaten verarbeitet werden können und geben Sie Ihnen die Möglichkeit, ihre kreative Ader bei diesem Prozess auszuleben. Auf diese Weise wird die Vorbereitung des Essens zu einem Erlebnis für die ganze Familie, das Sie noch viel näher zusammen bringt.

Selbstverständlich birgt das Meal Prep neben den zahlreichen Vorteilen auch einige Nachteile. Wie Sie selbst sehen werden, sind diese jedoch weitaus weniger ausschlaggebend, als Sie vielleicht erwartet hätten.

- Die Aufbewahrung benötigt viel Platz: Es stimmt, wenn Sie Einweckgläser einkochen, so benötigen Sie einen Keller oder ein Regal, in welchem Sie die Gläser verstauen können. Möchten Sie Dosen im Kühlschrank lagern, so brauchen Sie einen relativ großen Kühlschrank. Möchten Sie portionierte Lebensmittel einfrieren, so benötigen Sie hierfür ein großes Gefrierfach. Doch es handelt sich hierbei um einmalige Investitionen.

- Langwieriger Prozess des Vorbereitens: Selbstverständlich sollten Sie gut planen, wann Sie die Vorbereitungen treffen. Dies kann durchaus einige Stunden in Anspruch nehmen, immer davon abhängig, wie viele Mahlzeiten Sie vorbereiten möchten und wie viele unterschiedliche Zutaten Sie verwenden werden. Wenn Sie jedoch bedenken, wie viel Zeit Sie tagtäglich benötigen, um eine Mahlzeit auf den Tisch zu bekommen, dann werden Sie schnell merken, dass Sie mit Hilfe des Meal Prep deutlich Zeit einsparen.

- Genaues Wissen über die Zutaten gefragt: Wenn Sie Meal Prep machen und somit Gerichte für einen späteren Zeitpunkt vorbereiten, so müssen Sie alle Zutaten und ihre Eigenschaften genaustens kennen. Ansonsten kann es Ihnen passieren, dass Sie beispielsweise Tomaten in ein Gericht geben, was Sie anschließend einfrieren. Dies kann den Geschmack der Speise verändern. Andere Zutaten hingegen lassen sich in frischem Zustand nicht gut lagern und auch nicht zu fertigen Salaten schichten. Sie sollten stets die Haltbarkeit der einzelnen Zutaten im Blick behalten, damit diese im gleichen Rahmen liegen. Dieses Wissen eignen Sie sich jedoch ganz nebenbei an und bereits nach kurzer Zeit haben Sie ein gutes Fingerspitzengefühl dafür, welche Nahrungsmittel sich für ein gemeinsames Meal Prepping eignen.

Die Kinder optimal auf die neuen Gerichte vorbereiten und einbeziehen

Auch wenn sich Meal Prep optimal für die Ernährung von Erwachsenen eignet, so ist dieses Buch doch speziell den Bedürfnissen und Anforderungen der Kinder gewidmet. Auch wenn uns gesunde Ernährung oft nicht leicht fällt, so verstehen wir doch ihre Vorzüge und erkennen die gesundheitlichen Vorteile. Es ist jedoch weitaus schwerer, diese Vorzüge einem Kind begreiflich zu machen. Das Argument der Gesundheit und eine Drohung mit negativen Folgen, wenn die gesunde Ernährung nicht eingehalten wird, bringen hier keinen weiter. Vielmehr müssen Sie versuchen, Ihre Kinder zu ködern und für diese Zubereitungsweise zu gewinnen, indem Sie sie aktiv teilhaben lassen. Kinder interessieren sich für all das, was sie selbst entdecken und erschaffen. Mit dem Prozess der Vorbereitung von Essen steht dies nicht anders. Sobald Ihr Kind also das Gefühl hat, ein Teil dieser Vorbereitungen zu sein, sich ausleben zu können und kreativ werden zu können, wird sich sein Interesse an Meal Prep deutlich steigern. Dies können Sie sich zu Nutzen machen, indem Sie Ihre Kinder in die Zubereitungen der einzelnen Gerichte einbeziehen.

Beginnen tut dies schon beim Erstellen der Essensliste. Lassen Sie zu, dass Ihr Kind sich Gerichte selbst aussuchen oder wünschen kann. Sie können kleine Kärtchen oder Figuren verwenden, welche die einzelnen Zutaten darstellen. Ihr Kind kann sich dann seine Gerichte selbst zusammenstellen, indem es einzelne Zutaten zu einer Speise zusammenfügt. Lassen Sie sich einmal überraschen, auf welche verrückten Kombinationen Ihr Kind kommt!

Beim Einkaufen wird dieser Prozess fortgeführt. Ein kleiner Einkaufswagen, in welches es seine Zutaten legen kann. Lassen Sie es schauen, welche unterschiedlichen Qualitäten von ein und demselben Nahrungsmittel im Supermarkt erhältlich sind. Wenn Ihr Kind bereits etwas älter ist, so kann es Preise vergleichen und anhand der Jahreszeiten herausfinden, welches Obst und welches Gemüse gerade geerntet wird.

Während des Meal Prep können Sie Ihr Kind ebenfalls einbinden. Vorsichtig werden die einzelnen Zutaten geschält, zerkleinert, in schönen Gläsern geschichtet und mit Schildchen versehen. Sie werden selber schnell sehen, wie gerne Ihr Kind an diesem Prozess teilnimmt und auf welch kreative Kombinationen es kommt.

Dieser gesamte Vorgang des gemeinsamen Überlegens, dem Einkaufen und Zubereiten der Gerichte, ist für Ihr Kind die optimale Vorbereitung. Voller Stolz wird es berichten, dass es schon kochen kann und wie wunderschön es die kleinen Küchlein im Einweckglas verziert hat. Wenn man so aktiv am Ablauf der Herstellung der Gerichte teilgenommen hat, dann macht auch der Verzehr dieser Mahlzeiten so viel mehr Spaß.

Wenn Sie offen an dieses Experiment herangehen, so werden Sie sehen, wie selbständig Ihr Kind schnell wird. Es entwickelt mit einer rasanten Geschwindigkeit ein super Gespür dafür, welche Zutaten zusammen passen und auf welche Weise sie am besten schmecken. Lassen Sie Ihrem Kind hier ruhig ein bisschen Freiraum, sodass es sich ausprobieren kann.

Tolle Lunchboxen für Kindergarten und Schule kreieren

Bisher bin ich besonders auf die Zubereitung derjenigen Speisen eingegangen, die anschließend über mehrere Wochen verteilt bei den gemeinsamen Mahlzeiten eingenommen werden. Doch ebenso wichtig wie die Zeit mit Ihnen zu Hause ist eben die Zeit, in welcher sich Ihre Kinder in fremder Betreuung befinden. In den meisten Kindergärten wird das Mittagessen gestellt, weshalb Sie kaum Einfluss auf die Mittagsmahlzeit Ihres Sprösslings haben. Doch werden in den kleinen Pausen durchaus Snacks eingenommen. Mit Hilfe von Meal Prep wird es Ihnen möglich sein, tolle kleine Pakete für Ihr Kind zusammenzustellen. Auf diese Weise stellen Sie sicher, dass Ihr Kleines sich ausgewogen ernährt und eine ausreichende Menge an Nährstoffen zu sich nimmt. Besonders wichtig ist hierbei, kreativ zu werden, denn Kinder mögen es vor allem farbenfroh und in Formen, die sie an ihre Spielzeuge erinnern. Ein kleines Boot aus einem Kräcker, mit einem kleinen Mast und einer Käsescheibe als Flagge sieht weitaus schmackhafter aus, als ein trockenes Stück Brot mit Käse. Sie versuchen, Ihr Kind spielerisch an eine gesunde Ernährung heranzuführen. Diese kreative Zubereitungsform ist nicht nur für Ihr Kind schön. Auch Sie selbst fühlen sich dadurch auf eine ganz neue Weise mit Ihrem Sprössling verbunden.

Toll ist außerdem, dass der Vielfalt diesen Lunchboxen kaum Grenzen gesetzt werden können. Obst, Gemüse, Fleisch, alles lässt sich verarbeiten. Da Sie Ihre Zutaten bereits in kleinen Portionen abgepackt haben, können Sie diese nun ganz problemlos so zusammenführen, wie es Ihnen beliebt.

Sie können sogar dazu übergehen, dass Ihr Kind sein Essen selbst am Abend vorher zusammenstellt. Meist ist abends vor dem zu Bett gehen eine ruhige Minute, in welcher man den nächsten Morgen vorbereiten kann. Dies ist auch der richtige Moment, um gemeinsam zu überlegen, was am nächsten Tag schönes seinen Weg in die Lunchbox finden soll. Ihr Kind freut sich, sieht sich als einen Teil des Ganzen und geht am nächsten Tag glücklich in den Kindergarten oder die Schule, weil es weiß, dass es in seiner Tasche ein ganz besonderes Essen für die Pause mit sich trägt.

Herzhafte Snacks

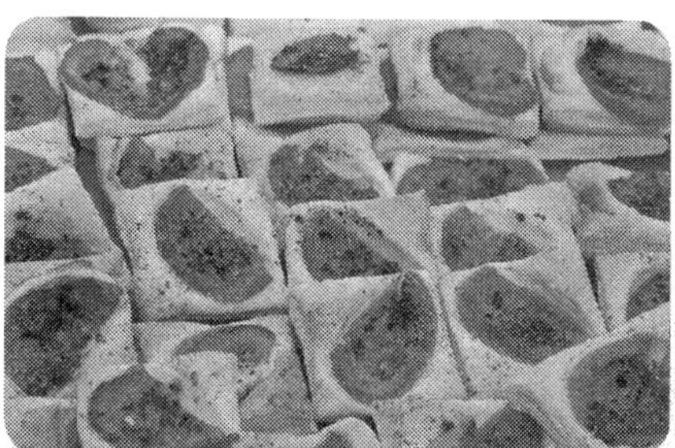

Frikadellen

Dauer: 25 Minuten | Ruhezeit: 1 Stunde

Zutaten für 8 Frikadellen

350 g Hackfleisch | 1 ½ Eier | 1 Zwiebel | 1 Knoblauchzehe | 2 EL Semmelbrösel | 1 TL Senf | Paprikapulver | Pfeffer

Zubereitung

1. Alle Zutaten miteinander vermengen und mit Paprikapulver und Pfeffer abschmecken.
2. Mit feuchten Händen kleine Bällchen formen und diese etwas flach drücken und im Kühlschrank für **1 Stunde** ziehen lassen.
3. Etwas Öl in einer Pfanne erhitzen und die Frikadellen darin anbraten.

Notizen:____________________

Hackklößchen

Dauer: 25 Minuten

Zutaten für 5 Hackklößchen

½ Brötchen (1 Tag alt) | ½ Zwiebel | 1 TL Pflanzenöl | 1 Ei | ½ EL Petersilie | 150 g Hackfleisch (gemischt) | Etwas Maismehl | Pfeffer

Zubereitung

1. Den Backofen auf 180°C Umluft vorheizen.
2. Das halbe Brötchen in lauwarmem Wasser einweichen lassen.
3. Die Zwiebel schälen, fein hacken und in einer Pfanne mit etwas Öl glasig anschwitzen.
4. Die Petersilie waschen und fein hacken.
5. Die glasige Zwiebel mit dem Ei, der fein gehackten Petersilie und dem aufgeweichten Brötchen vermengen.
6. Das Hackfleisch unterheben und mit etwas Pfeffer würzen.
7. Alles miteinander vermengen und zu kleinen Kugeln formen. Ggf. etwas Maismehl zugeben bis der Teig formbar und nicht zu weich ist.
8. Die Kugeln im Maismehl wenden und im vorgeheizten Backofen für **15 Minuten** backen.

Notizen:____________________

____

____

Gemüsemuffins

Dauer: 30 Minuten

Zutaten für 3 - 4 Muffins

110 g Möhren | 110 g Mehl | 75 g Zucchini | 75 ml Wasser | 40 g geriebener Emmentaler | 7 Stiele Schnittlauch | 2 Eier | 2 ½ EL Öl | 1 TL Weinstein-Backpulver | Pfeffer

Zubereitung

1. Die Möhren schälen und fein reiben.
2. Die Zucchini waschen und ebenfalls fein reiben.
3. Den Schnittlauch in feine Röllchen schneiden.
4. Das Mehl mit Backpulver und einer Prise Pfeffer verrühren, anschließend Eier, Öl und Wasser unterrühren.
5. Zum Schluss erst das Gemüse und den Käse unterheben.
6. Den Teig auf ein sauberes Geschirrtuch geben und die überflüssige Flüssigkeit ausdrücken.
7. Den Teig in Muffinförmchen füllen.
8. Den Backofen auf 180 Grad vorheizen und die Muffins für **15 Minuten** in den Backofen geben.

Notizen:____________________

____

____

Pizza- Muffins

Dauer: 45 Minuten

Zutaten für 6 Muffins

110 g Dinkelmehl Type 630 | 30 g Haferflocken | ¼ Pck. Weinstein-Backpulver | 125 ml Buttermilch | 1 Ei | 25 g getrocknete Tomaten | 25 g Gouda | 75 g Mais aus der Dose | 60 g Schinkenwürfel | ½ EL Rapsöl | Salz

Zubereitung

1. Die trockenen Zutaten in eine Schüssel geben und die Buttermilch, sowie das Ei dazu geben.
2. Alles miteinander gut vermischen, bis eine homogene Teigmasse entsteht.
3. Die getrockneten Tomaten in Streifen schneiden und den Käse fein raspeln.
4. Den Mais abtropfen lassen und die getrockneten Tomaten, den Käse, den Schinken und den Mais unter den Teig rühren.
5. Den Backofen auf 180 °C Umluft vorheizen.
6. Die Papierförmchen in die Mulden eines Muffinblechs setzen, mit etwas Öl einfetten und mit dem fertigen Teig befüllen.
7. Im vorgeheizten Backofen für ca. **30 Minuten** backen.

Notizen:____________________

Käse-Spinat-Muffins

Dauer: 40 Minuten

Zutaten für 6 Muffins

130 g Kichererbsenmehl | 1 TL Weinstein-Backpulver | 55 g Gouda | 170 g Spinat (TK) | 1 Zwiebel | 70 ml Milch | 15 ml Öl | Pfeffer | Muskat

Zubereitung

1. Den Backofen auf 180 °C Ober-/Unterhitze vorheizen und den Käse fein raspeln.
2. Das Mehl, das Backpulver und der geriebene Käse in eine Schüssel geben und miteinander verrühren.
3. Die Zwiebel schälen, fein hacken und gemeinsam mit dem Spinat in einer Pfanne mit etwas Öl anbraten.
4. Das Ganze mit den Gewürzen abschmecken und danach in die Schüssel geben.
5. Die Milch sowie das Öl ebenfalls in die Schüssel geben und alles miteinander vermengen, bis eine homogene Masse entsteht.
6. Papierförmchen in die Mulden eines Muffinblechs setzen, mit etwas Öl einfetten und mit dem fertigen Teig befüllen.
7. Im vorgeheizten Backofen für ca. **30 Minuten** backen.

Notizen:____________________

Flammkuchen-Schnecken

Dauer: 35 Minuten

Zutaten für 2 – 3 Portionen

200 g Pizzateig | 170 g Quark | 150 g Kochschinken | 1 Bund Frühlingszwiebel | 1 Bund Schnittlauch | Salz | Pfeffer

Zubereitung

1. Den Backofen auf 180 °C Ober-/Unterhitze vorheizen und ein Backblech mit Backpapier auslegen.
2. Den Kochschinken fein würfeln.
3. Den Schnittlauch und die Frühlingszwiebel waschen und in Ringe schneiden.
4. Den Quark in eine Schüssel geben und mit etwas Wasser fein rühren, so dass eine cremige Masse entsteht.
5. Den Teig ausrollen und mit dem Quark bestreichen, dabei einen 2 cm breiten Rand aussparen.
6. Den Kochschinken und die Frühlingszwiebel auf dem Teig verteilen und mit Pfeffer, sowie Salz würzen.
7. Den Pizzateig an der Längsseite aufrollen. Mit einem Messer in Scheiben schneiden und die Schnecken auf dem Backblech verteilen.
8. Im vorgeheizten Backofen für ca. **10 bis 15 Minuten** backen.
9. Die Schnecken auskühlen lassen und mit Schnittlauch bestreuen.

Notizen:____________________

Omelette Snack

Dauer: 25 Minuten

Zutaten für 1 Portion

1 Paprika | 50 g Möhren | 2 Eier | 1 EL Schlagsahne | 20 g Käse | ½ EL Butter | Pfeffer

Zubereitung

1. Den Backofen auf 180 °C Ober-/Unterhitze vorheizen und ein Backblech mit Backpapier auslegen.
2. Die Paprika waschen, entkernen und in kleine Würfel schneiden.
3. Die Möhren waschen, schälen und klein raspeln.
4. Die Eier mit der Sahne verquirlen und mit Pfeffer würzen.
5. In einer Pfanne die Butter erhitzen und die Paprikawürfel, sowie die geraspelten Möhren leicht anschwitzen.
6. Die Eier hinzufügen, mit Käse bestreuen und die Pfanne im vorgeheizten Backofen für **20 Minuten** goldbraun backen.

Notizen:____________________

Kartoffelschinken-Kuchen

Dauer: 20 Minuten

Zutaten

200 g Kartoffeln | 50 g gekochter Schinken | 1 Ei (Eigelb) | ½ EL Olivenöl | 25 g Emmentaler | ½ TL Rosmarin | ½ TL Thymian | ½ EL Basilikum | Pfeffer

Zubereitung

1. Den Backofen auf 180 °C Ober-/Unterhitze vorheizen und ein Backblech mit Backpapier auslegen.
2. Die Kartoffeln schälen, klein reiben, in einem Küchentuch ausdrücken und in eine Schüssel geben.
3. Den Schinken in Würfel schneiden und zu den Kartoffeln geben.
4. Das Ei trennen und das Eigelb dazu geben.
5. Die Kräuter, das Öl, den Käse unterheben und mit Pfeffer abschmecken.
6. Alles miteinander vermengen und in eine Backform geben.
7. Im vorgeheizten Backofen ca. **40 Minuten** backen.

Notizen:____________________

Auberginen - Snack

Dauer: 20 Minuten

Zutaten für 2 Portionen

1 Aubergine | 1 Ei | 1 EL Quark | 2 EL Mehl | 3 EL Semmelbrösel | 25 g gemahlene Haselnüsse | Salz | Pfeffer | Öl zum Braten

Zubereitung

1. Die Aubergine waschen, in Würfel schneiden und für **5 Minuten** in einen Topf kochen lassen.
2. Die Aubergine abgießen und mit dem Ei, Quark, Haselnüssen, Mehl und Semmelbrösel zu einer homogenen Teigmasse vermengen.
3. Das Ganze mit Pfeffer und Salz abschmecken.
4. Aus dem Teig kleine Pfannkuchen formen und in einer Pfanne mit Öl von jeder Seite für ca. **1 Minuten** goldbraun backen.
5. Auf Küchenkrepp abtropfen lassen und abkühlen lassen.

Notizen:____________________

Karottencracker

Dauer: 40 Minuten

Zutaten für 2 Portionen

4 Karotten | 4 EL Leinsamen geschrotet | 3 EL Sesam | 3 EL Chiasamen | 1 EL Johannisbrotkernmehl | Paprikapulver | Pfeffer

Zubereitung

1. Die Karotten schälen und fein raspeln.
2. Alle Zutaten miteinander vermengen und die Masse zu einem Ball formen.
3. Den Teig zwischen zwei Backpapierstreifen ausrollen. Desto dünner der Teig, umso knuspriger die Cracker.
4. Den Backofen auf 180 Grad vorheizen und die Cracker für **25 Minuten** in den Backofen geben.
5. Mit einem Messer die Cracker zuschneiden.

Notizen:____________________

Kürbis-Hackbällchen

Dauer: 30 Minuten

Zutaten für 12 Hackbällchen

250 g Hackfleisch | 135 g Hokkaidokürbis | 1 Dose gehackte Tomaten | Öl

Zubereitung

1. Den Kürbis gründlich waschen und auf einer Küchenreibe fein reiben.
2. Das Hackfleisch gut mit dem Kürbis vermengen, anschließend die Masse zu ca. 12 Hackbällchen formen.
3. Das Öl in einer Pfanne erhitzen und die Hackbällchen von allen Seiten goldbraun anbraten.
4. Die Tomaten dazugeben und alles bei niedriger Hitze und geschlossenem Deckel für **10 Minuten** köcheln lassen.

Notizen:____________________

Süße Snacks

Power-Müsli

Dauer: 10 Minuten

Zutaten für 1 – 2 Portionen

200 g Naturjoghurt | 40 g Haferflocken | 20 g gemahlene Haselnüsse | 1 Banane | 1 Apfel | 2 TL Sonnenblumenkerne | 1 TL Honig

Zubereitung

1. Den Naturjoghurt mit dem Honig vermengen und in ein verschraubares Glas füllen. Dabei 1/3 des Joghurts zur Seite stellen.
2. Den Apfel waschen, entkernen und fein über den Joghurt raspeln.
3. Die Banane klein schneiden und gemeinsam mit den Haferflocken dazu geben.
4. Jetzt den Rest des Joghurts darüber geben und mit den Haselnüssen sowie den Sonnenblumenkernen garnieren.

Notizen:____________________

Sirupriegel

Dauer: 30 Minuten

Zutaten für 8 Riegel

1 ½ Tassen Haferflocken | 1/2 Tasse Sonnenblumenkerne | 2 EL Sojaöl | 2 EL Zuckerrübensirup

Zubereitung

1. Das Sirup mit dem Öl in einem Topf erhitzen und die restlichen Zutaten unterrühren.
2. Eine Kuchenform mit Backpapier auslegen und die Masse hineingeben.
3. Den Backofen auf 200 Grad vorheizen und die Masse für **20 Minuten** backen lassen.
4. Die Sirupriegel abkühlen und in 8 Riegel schneiden.

Die Riegel halten in einer Dose und im Kühlschrank gelagert ca. 5 Tage.

Notizen:____________________

____

____

Müsliriegel

Dauer: 35 Minuten

Zutaten für 8 Riegel

200 g Haferflocken | 50 g Rosinen | 100 ml Nussmilch | 2 reife Bananen | 1 EL Kokosöl | 2 EL Nussmus | 1 EL Honig | 1 TL Vanillepulver

Zubereitung

1. Die Banane mit einer Gabel zerdrücken.
2. Alle Zutaten in eine Schüssel geben und miteinander vermengen.
3. Eine Kuchenform mit Backpapier auslegen und die Masse hineingeben und glatt streichen.
4. Den Backofen auf 180 Gradvorheizen und die Müsliriegel für **25 Minuten** in den Backofen geben.
5. Die Masse abkühlen lassen und in Riegel schneiden.

Die Riegel halten in einer Dose und im Kühlschrank gelagert ca. 5 Tage.

Notizen:____________________

____

____

Riegel aus Nektarinen

Dauer: 30 Minuten

Zutaten für 8 Riegel

300 ml Kokosmilch | 40 g Kokosmehl | 40 g Kokosöl | 3 Nektarinen | 4 EL Apfelmus | 4 EL Kokosraspel | 2 EL Pfeilwurzelmehl (Alternative herkömmliches Mehl) | 2 EL Wasser | 2 EL Gelatine | 1 EL Zitronensaft

Zubereitung

1. Das Kokosmehl mit dem Mehl, dem Kokosöl und dem Wasser miteinander vermengen und zu einem Teig verkneten.
2. Eine Brotbackform oder eine Kuchenform mit Backpapier auslegen und den Teig hineingeben.
3. Den Backofen auf 160 Grad vorheizen und die Masse für 20 Minuten in den Backofen geben.
4. Die Nektarinen klein schneiden.
5. Etwa 200 ml der Kokosmilch, Apfelmus und Zitronensaft in einem Topf erwärmen.
6. Die Gelatine in der restlichen Kokosmilch auflösen, anschließend mit in den Topf geben und alles miteinander verrühren.
7. Die Nektarinen und 2 EL Kokosraspel unterrühren.
8. Die Gelatinemasse über den ausgekühlten Boden geben.
9. Alles für 2 Stunden in den Kühlschrank stellen, anschließend mit den restlichen Kokosraspeln bestreuen und zu Riegeln schneiden.

Die Riegel halten in einer Dose und im Kühlschrank gelagert ca. 5 Tage.

Frucht-Müsliriegel

Dauer: 15 Minuten

Zutaten für 8 Riegel

150 g Haferflocken | 80 g Trockenfrüchte | 70 g Honig | 30 g Butter | 20 g Sonnenblumenkerne | 20 g brauner Zucker (ggf. Zuckerersatz/siehe S. 33) | 15 g Sesamsamen

Zubereitung

1. Die Trockenfrüchte klein schneiden.
2. Die Butter mit Honig und Zucker in einen Topf geben und schmelzen lassen.
3. Anschließend die restlichen Zutaten in den Topf geben und unter Rühren für 1 Minute kochen lassen.
4. Die Masse auf ein mit Backpapier ausgelegtes Backblech legen und erkalten lassen.
5. Die abgekühlte Masse in Stücke schneiden.

Die Riegel halten in einer Dose und im Kühlschrank gelagert ca. 5 Tage.

Notizen:____________________

Kichererbsenriegel

Dauer: 30 Minuten

Zutaten für 8 Riegel

100 ml Mandelmilch | 65 g Zartbitterschokolade | 65 g Erdnussbutter | 30 g Haferflocken | 1 Dose Kichererbsen | 1 TL Honig | 1 TL Chiasamen | 1 TL Weinstein-Backpulver

Zubereitung

1. Die Kichererbsen abgießen und abspülen.
2. Die Schokolade grob hacken.
3. Alle Zutaten, bis auf die Mandelmilch, in eine Schüssel geben und pürieren.
4. Die Mandelmilch hinzugeben, bis ein cremiger Teig entsteht.
5. Eine Kuchenform mit Backpapier auslegen und die Masse hineingeben und glatt streichen.
6. Den Backofen auf 180 Grad vorheizen und die Masse für 18 Minuten in den Backofen geben.
7. Die abgekühlte Masse zu Riegeln schneiden.

Die Riegel halten in einer Dose und im Kühlschrank gelagert ca. 5 Tage.

Notizen:____________________

Energiebälle

Dauer: 20 Minuten

Zutaten für 3 – 4 Portionen

200 g Softfeigen | 5 EL Sesam | 3 EL Kokosöl | 2 TL Kakao | Salz

Zubereitung

1. Alle Zutaten in eine Schüssel eben und etwas pürieren. Etwa 2 EL Sesam überlassen.
2. Die Masse für **15 Minuten** in den Kühlschrank stellen.
3. Aus der Masse kleine Bällchen formen und im restlichen Sesam wälzen.

Notizen:____________________

Müsli-Muffins

Dauer: 30 Minuten

Zutaten für 6 Muffins

250 g Magerquark | 200 g Vollkornmehl | 100 g zarte Haferflocken | 100 ml Sonnenblumenöl | 80 g Zucker (ggf. Zuckerersatz/siehe S. 33) | 2 reife Bananen | 1 Ei | 1 Pck. Vanillezucker | 2 EL getrocknete Cranberries | 1 ½ TL Backpulver

Zubereitung

1. Das Öl mit Zucker und Vanillezucker cremig rühren, anschließend das Ei und den Quark unterrühren.
2. Das Mehl mit Haferflocken und Backpulver verrühren und unter den Teig heben.
3. Die Bananen mit einer Gabel zerdrücken und mit den Cranberries unter den Teig heben.
4. Die Muffinförmchen einfetten und den Teig hineingeben.
5. Den Backofen auf 180 Grad vorheizen und die Muffins für **22 Minuten** in den Backofen geben.

Notizen:____________________

Fruchtschnitte

Dauer: 15 Minuten | Ruhezeit: 1 Stunde

Zutaten für 3 -4 Portionen

150 g getrocknete Cranberries | 100 g getrocknete Aprikosen | 100 g zarte Haferflocken | 50 g getrocknete Datteln | 30 g Sonnenblumenkerne | 4 rechteckige Oblaten | 1 EL Apfelsaft

Zubereitung

1. Die Trockenfrüchte grob hacken.
2. Alle Zutaten, bis auf die Oblaten, in eine Schüssel geben und alles pürieren, bis die Masse streichfähig ist.
3. Die Masse auf zwei rechteckige Oblaten streichen und die jeweils anderen Oblaten als Deckel drauflegen.
4. Die Fruchtschnitten für **1 Stunde** etwas beschweren, zum Beispiel mit einem Topf.

Notizen:____________________

Beerentraum-Oats

Dauer: 15 Minuten | Ruhezeit: über Nacht

Zutaten für 1 Portion

80 g Erdbeeren | 80 g Himbeeren | 80 g Joghurt | 100 ml Hafermilch | 1 TL Chiasamen | 40 g Haferflocken

Zubereitung

1. Am Vorabend die Erdbeeren waschen, den Strunk entfernen und klein schneiden.
2. Den Joghurt mit der Hafermilch, Haferflocken, Chiasamen und den Früchten vermengen und über Nacht in den Kühlschrank stellen.

Notizen:____________________

Chia Oats

Dauer: 10 Minuten | Ruhezeit: 2 Stunden

Zutaten für 1 Portion

50 g Himbeeren | 50 g Blaubeeren | 50 g Haferflocken | 1 EL Chiasamen | 90 ml Kokosmilch | 2 TL Agavendicksaft

Zubereitung

1. Die Haferflocken mit Kokosmilch, Chiasamen und Agavendicksaft in eine Schüssel geben und alles miteinander vermengen.
2. Die Haferlocken für **2 Stunden** in den Kühlschrank stellen und aufquellen lassen.
3. Die Himbeeren und Blaubeeren waschen und unter die Haferflockenmischung heben.

Notizen:____________________

Mandel Oats

Dauer: 30 Minuten | Ruhezeit: 60 Minuten

Zutaten für 1 -2 Portionen

½ HV Mandeln | 55 g Quinoa | 2 EL Mandelmus | 2 EL Chiasamen | 1 EL Ahornsirup | ½ TL Vanilleextrakt | 110 ml Mandelmilch

Zubereitung

1. Die Chiasamen in die Mandelmilch geben und für **60 Minuten** quellen lassen.
2. Die Quinoa abwaschen und in einen Topf mit 3 Tassen Wasser geben und zum Kochen bringen, anschließend für **20 Minuten** köcheln lassen.
3. Die Mandeln grob hacken.
4. Die aufgequollenen Chiasamen mit Quinoa, Mandelmus, Ahornsirup und Vanilleextrakt in eine Schüssel geben und alles gut miteinander vermengen.
5. Die Masse auf Gläser verteilen und etwas von den gehackten Mandeln darüber geben.

Notizen:____________________

Spinat Oats

Dauer: 10 Minuten | Ruhezeit: 2 Stunden

Zutaten für 1 Portion

45 g Haferflocken | 1 HV Spinat | 1 Banane | 1 ½ EL Chiasamen | 100 ml Mandelmilch

Zubereitung

1. Den Spinat mit Mandelmilch, Banane und Chiasamen zu einer glatten Masse pürieren.
2. Die Haferflocken unter die Spinatmischung geben und für **2 Stunden** in den Kühlschrank stellen und quellen lassen.

Notizen:____________________

Oats mit Kompott

Dauer: 25 Minuten

Zutaten 2 – 3 Portionen

Zutaten für Oats: 70 g Haferflocken | 1 EL Chiasamen | 70 g Naturjoghurt | 150 ml Mandelmilch | ½ EL Kokosraspeln

Zutaten für Kompott: 90 g Rhabarber | 100 g Erdbeeren | 20 ml Wasser | ½ EL Honig

Zubereitung

1. Den Rhabarber schälen und in Stücke schneiden.
2. Die Erdbeeren waschen, den Strunk entfernen und halbieren.
3. Für das Kompott den Rhabarber und die Erdbeeren in einen Topf mit Wasser und Honig geben.
4. Den Kompott so lange kochen, bis der Rhabarber zerfällt und die Erdbeeren weich sind.
5. Die Haferflocken mit Mandelmilch, Chiasamen und Kokosraspeln vermengen und für 2 Stunden im Kühlschrank quellen lassen.
6. Die aufgequollene Haferflockenmischung mit dem Joghurt vermengen.
7. Anschließend die Oats und den Kompott abwechselnd in einem Glas schichten.

Notizen:____________________

Overnight Oats mit Feigen

Dauer: 15 Minuten

Zutaten für 2 Portionen

1 Feige | 50 g Haferflocken | 100 g Johannisbeeren | 100 ml Milch | 80 g Joghurt | 1 TL Chiasamen | 1 TL Kokosraspeln | 1 EL Honig

Zubereitung

1. Die Feige klein schneiden und auf dem Boden von zwei Gläsern verteilen.
2. Die Haferflocken auf die zwei Gläser verteilen und die Milch darüber gießen, anschließend die Hälfte der Johannisbeeren darauf schichten.
3. Die Hälfte des Joghurts mit den Chiasamen verrühren und ebenfalls in das Glas geben.
4. Den restlichen Joghurt mit den restlichen Brombeeren verrühren und in das Glas geben.

Notizen:____________________

Kokos-Ananas Oats

Dauer: 10 Minuten

Zutaten für 1 -2 Portionen

110 ml Milch | 45 g Haferflocken | 100 g Ananas | 1 EL Kokosflocken | 1 TL Chiasamen

Zubereitung

1. Die Ananas in kleine Stücke schneiden.
2. Alle Zutaten miteinander verrühren und über Nacht in den Kühlschrank stellen.

Notizen:____________________

Schoko-Overnight Oats

Dauer: 15 Minuten | Ruhezeit: über Nacht

Zutaten für 1 Portion

100 g Erdbeeren | 80 ml Milch | 30 g Joghurt | 25 g Haferflocken | 5 g Weizenkleie | 5 g Kakaopulver | 1 TL Erdnussbutter

Zubereitung

1. Die Banane mit einer Gabel zerdrücken und mit Joghurt, Milch und der Erdnussbutter vermengen.
2. Den Rest der Zutaten unterrühren und über Nacht in den Kühlschrank stellen.
3. Am nächsten Morgen die Overnight Oats in eine Lunchbox geben und die Erdbeeren waschen, klein schneiden und dazugeben.

Notizen:____________________

Zitronen-Milchreis

Dauer: 50 Minuten

Zutaten für 2 Portionen

500 ml Milch | 45 g Milchreis | 30 g Rosinen | 20 g Zucker (ggf. Zuckerersatz/siehe S. 33) | 1 Vanilleschote | 1 Zitrone

Zubereitung

1. Alle Zutaten in einen großen Topf geben und unter häufigem Rühren zum Kochen bringen.
2. Im geschlossenen Topf und bei niedriger Hitze für **40 Minuten** köcheln lassen. Zwischendurch umrühren.

Notizen:

Gesunder Joghurt

Dauer: 10 Minuten

Zutaten für 2 Portionen

200 g Sojajoghurt | 40 g gepoppter Amaranth | 10 g Kakao Nibs | 10 g Erdnüsse | 1 Banane | 1/2 Mango

Zubereitung

1. Den Joghurt in einer Schüssel mit Amarant und Kakao Nibs vermengen.
2. Die Banane und die Mango etwas pürieren.
3. In einem hohen Glas abwechselnd Joghurt und Fruchtpüree schichten, anschließend mit den Erdnüssen garnieren.
4. Danach kurz in den Kühlschrank stellen.

Notizen:

Erdbeer-Heidelbeer-Smoothie

<u>Dauer:</u> 5 Minuten

Zutaten

150 g Heidelbeeren | 120 g Erdbeeren | 150 ml Wasser | 4 Kopfsalatblätter

Zubereitung

1. Die Heidelbeeren, Erdbeeren und den Kopfsalat waschen und zusammen mit dem Wasser in einen Mixer geben und zu einem cremigen Smoothie mixen.

Notizen:____________________

Papaya-Smoothie

Dauer: 10 Minuten

Zutaten

200 g Papaya | 100 ml Wasser | 5 Walnüsse | 1 Apfel | 2 EL Naturjoghurt | 1 TL Kokosöl

Zubereitung

1. Die Papaya und den Apfel waschen, schälen und klein schneiden.
2. Die Walnüsse klein hacken.
3. Alle Zutaten in einen Mixer geben, bis ein cremiger Smoothie entsteht.

Notizen:____________________

Wassermelonen-Smoothie

Dauer: 10 Minuten

Zutaten

200 g Wassermelone | 3 HV Salat der Saison | 1 Banane | 1/2 Zitrone

Zubereitung

1. Den Saft aus der Zitrone pressen.
2. Den Salat waschen.
3. Die Schale von der Wassermelone und der Banane entfernen und grob klein schneiden.
4. Alle Zutaten in einen Mixer geben, bis ein cremiger Smoothie entsteht.

Notizen:____________________

Erfrischender-Smoothie

Dauer: 10 Minuten

Zutaten

2 Äpfel | 1 HV Romanasalat | 1 HV Feldsalat | 1/2 Gurke | 1/2 Zitrone | 150 ml Wasser

Zubereitung

1. Den Saft aus der Zitrone pressen.
2. Die Äpfel und die Gurke waschen, schälen und grob klein schneiden.
3. Den Salat waschen.
4. Alle Zutaten in einen Mixer geben, bis ein cremiger Smoothie entsteht.

Notizen:

Vital-Smoothie

Dauer: 10 Minuten

Zutaten

200 g Weintrauben | 2 Orangen | 1 kleines Stück Ingwer | 2 HV Spinat | 150 ml Wasser

Zubereitung

1. Den Spinat und die Weintrauben waschen.
2. Die Schale von den Orangen und dem Ingwer entfernen und grob klein schneiden.
3. Alle Zutaten in einen Mixer geben, bis ein cremiger Smoothie entsteht.

Notizen:

Bunter-Smoothie

Dauer: 15 Minuten

Zutaten

2 Stangen Sellerie | 1 Apfel | 1 Birne | 1 Banane | 1/2 Zitrone | 1 HV Spinat | 1 HV Romanasalat | 375 ml Wasser

Zubereitung

1. Den Romanasalat und den Spinat waschen.
2. Den Sellerie waschen und grob klein schneiden.
3. Den Saft aus der Zitrone pressen.
4. Die Früchte schälen und grob klein schneiden.
5. Alle Zutaten in einen Mixer geben, bis ein cremiger Smoothie entsteht.

Notizen:____________________

Bananen-Spinat-Smoothie

Dauer: 5 Minuten

Zutaten

125 g Spinat | 100 ml Wasser | 2 Bananen

Zubereitung

1. Den Spinat waschen und die Banane grob klein schneiden.
2. Alle Zutaten in einen Mixer geben, bis ein cremiger Smoothie entsteht.

Notizen:____________________

Buttermilch-Shake

Dauer: 10 Minuten

Zutaten

200 ml Buttermilch | 80 g Himbeeren | 20 g Walnüsse | 1 Mango | 1 EL Agavendicksaft

Zubereitung

1. Die Mango schälen und grob klein schneiden.
2. Die Walnüsse grob hacken.
3. Alle Zutaten in einen Mixer geben, bis ein cremiger Shake entsteht.

Notizen:____________________

Fruchtiger Erdbeeren Smoothie

Dauer: 5 Minuten

Zutaten

400 g Erdbeeren | 100 ml Wasser | 4 Basilikumblätter | 2 EL Honig | 2 TL Chiasamen

Zubereitung

1. Die Erdbeeren abwaschen und den Strunk entfernen.
2. Alle Zutaten in einen Mixer geben, bis ein cremiger Smoothie entsteht.

Notizen:____________________

Frischer Gemüse Smoothie

Dauer: 5 Minuten

Zutaten

100 g Brokkoli | 100 g Römersalat | 50 g Kohl | 100 ml Wasser | 1 Stange Sellerie | 1 TL Chiasamen

Zubereitung

1. Den Brokkoli, Römersalat, Kohl und Sellerie waschen und grob klein schneiden.
2. Alle Zutaten in einen Mixer geben, bis ein cremiger Smoothie entsteht.

Notizen:____________________

Rote Beete-Drink

Dauer: 15 Minuten

Zutaten

300 g Rote Beete | 200 g Möhren | 1 Apfel | 1 EL Leinöl

Zubereitung

1. Die Rote Beete und Möhren waschen, klein schneiden und zur Seite stellen.
2. Dann die Äpfel vom Kerngehäuse befreien und alle Zutaten im Entsafter entsaften. Zum Schluss dann das Leinöl zu geben.

Notizen:____________________

Thunfischsandwich

Dauer: 15 Minuten

Zutaten für 2 Sandwiche

4 Scheiben Vollkorntoastbrot | 1 Tomate | 1 Ei | 1/2 rote Zwiebel | 1/2 Dose Thunfisch | 1 Stiel Petersilie | 1 ½ EL Salat-Mayonnaise

Zubereitung

1. Die Eier in kochendes Wasser geben und für ca. **8 Minuten** hart kochen lassen.
2. Die Eier pellen.
3. Die Tomate waschen und in Scheiben schneiden.
4. Die Zwiebel schälen und in Ringe schneiden.
5. Die Petersilie waschen, etwas trocken tupfen und die Blätter vom Stiel zupfen.
6. Den Thunfisch mit der Mayonnaise fein pürieren, bis eine Creme entsteht.
7. Die Toastscheiben mit der Thunfischcreme bestreichen und mit den restlichen Zutaten belegen.

Notizen:____________________

____

____

Lachssandwich

Dauer: 20 Minuten

Zutaten für 1 Sandwich

2 Scheiben Sandwichbrot | 2 Scheiben Räucherlachs | 100 g Frischkäse | 1/3 Bund Dill | Salz | Pfeffer

Zubereitung

1. Den Dill waschen, etwas trocken tupfen und die Fähnchen abzupfen.
2. Den Frischkäse mit dem Dill verrühren und mit Salz und Pfeffer abschmecken.
3. Das Sandwichbrot mit dem Frischkäse bestreichen und den Lachs darauflegen.
4. Die Sandwichscheiben aufeinanderlegen.

Notizen:____________________

____

____

Eiersandwich

Dauer: 20 Minuten

Zutaten für 2 Sandwiche

4 Scheiben Vollkornsandwichbrot | 100 g Sardellenpaste | 50 g Salatmayonnaise | 3 Eier | 1/3 Bund Radieschen | 1/3 Kresse | Pfeffer

Zubereitung

1. Die Eier in kochendem Wasser ca. **8 Minuten** hart kochen lassen.
2. Die Eier pellen und fein hacken, anschließend die Mayonnaise unterrühren und mit Pfeffer abschmecken.
3. Die Radieschen waschen und in dünne Scheiben schneiden.
4. Die Kresse vom Beet schneiden.
5. Das Sandwichbrot mit der Sardellenpaste bestreichen, auf zwei Scheiben den Eiersalat verteilen und etwas Kresse und Radieschen darauflegen, anschließend die anderen Sandwichscheiben drauflegen.

Notizen:____________________

____

____

Gurkensandwich

Dauer: 25 Minuten

Zutaten für 2 Sandwiche

4 Scheiben Vollkornsandwich | 100 g heller Cheddar | 30 g Butter | 25 g Honig | 1/2 Salatgurke | 1 Stiel Petersilie | Salz

Zubereitung

1. Die Gurke schälen und längs halbieren, anschließend das Fruchtfleisch herauskratzen und die Gurke schneiden.
2. Die Gurkenscheiben mit etwas Salz bestreuen und für **15 Minuten** ziehen lassen.
3. Die Petersilie waschen, etwas abtupfen und klein hacken.
4. Die Butter mit dem Honig verrühren.
5. Den Käse grob raspeln.
6. Die Gurken in einem Sieb abtropfen lassen.
7. Die Sandwichscheiben mit der Honig-Butter bestreichen und mit den Gurkenscheiben und den restlichen Zutaten belegen.

Notizen:____________________

Hawaiisandwich

Dauer: 20 Minuten

Zutaten für 2 Sandwiche

4 Scheiben Vollkornsandwich | 4 Kopfsalatblätter | 2 Scheiben Kochschinken | 2 Scheiben mittelalter Gouda | 2 Ananasringe (Dose) | 1/4 Gurke | 2 EL Mayonnaise

Zubereitung

1. Den Salat waschen und abtropfen lassen.
2. Die Gurke waschen und in dünne Scheiben schneiden.
3. Die Sandwichscheiben mit der Mayonnaise bestreichen und mit Kochschinken, Salat, Ananas, Gurke und Gouda belegen.

Notizen:____________________

Gemüsebratlingsandwich

Dauer: 35 Minuten

Zutaten für 2 Sandwiche

4 Scheiben Haselnussvollkornbrot | 65 g Panko | 25 g Mehl | 1 Kohlrabi klein | 1 Ei | 1 Möhre | 1 Kresse | 1/2 Knoblauchzehe | 1/2 Limette | 1 Stiel Petersilie | 3 EL Rapsöl | 1 EL Margarine | 1 EL Wasser | 1/2 EL heller Balsamico-Essig | Salz | Pfeffer

Zubereitung

1. Den Kohlrabi schälen und in Scheiben schneiden, anschließend im kochenden Wasser für **5 Minuten** bissfest garen.
2. Die Möhren schälen und fein raspeln.
3. Die Kresse vom Beet schneiden und zusammen mit den Möhrenraspeln mit Essig, Salz und Pfeffer vermengen und abschmecken.
4. Die Limette waschen und etwas von der Schale abreiben, anschließend den Saft aus einer halben Limette auspressen.
5. Den Knoblauch schälen und fein hacken, anschließend mit Limettensaft, Limettenabrieb und Margarine vermengen und mit Salz und Pfeffer abschmecken.
6. Die Petersilie waschen, trocken tupfen und fein hacken, anschließend mit dem Panko vermischen.
7. Die Eier mit Wasser, Salz und Pfeffer verquirlen.
8. Die Kohlrabischeiben erst in Mehl, dann in Ei und anschließend im Panko wälzen.
9. Die panierten Kohlrabischeiben in heißem Öl goldbraun anbraten.
10. Die Brotscheiben mit der Limettenmargarine bestreichen, dann jeweils zwei Kohlrabibratlinge drauflegen und den Kresse-Möhren-Salat draufgeben.
11. Mit den restlichen Brotscheiben bedecken.

Notizen:____________________

Käse-Schinken-Sandwich

Dauer: 15 Minuten

Zutaten für 2 Sandwiche

4 Scheiben Toastbrot | 125 g saure Sahne | 50 g Bergkäse | 6 getrocknete Tomaten in Öl | 2 Scheiben Kochschinken | 1/4 Kopfsalat | 1/2 EL mittelscharfer Senf | Basilikum | Salz | Pfeffer

Zubereitung

1. Den Salat waschen und trocken tupfen.
2. Die Tomaten abtropfen lassen.
3. Etwas Basilikum waschen, trocken tupfen und hacken.
4. Den Käse reiben.
5. Die saure Sahne mit dem Käse, Basilikum und Senf verrühren und mit Salz und Pfeffer abschmecken.
6. Die Brotscheiben mit der Käsecreme bestreichen, anschließend Schinken, Salat und Tomaten darauflegen.

Notizen:____________________

____

____

Putensandwich mit Mango

Dauer: 15 Minuten

Zutaten für 2 Sandwiche

4 Scheiben Vollkorntoast | 50 g Feldsalat | 4 Scheiben geräucherte Putenbrust | 6 Halme Schnittlauch | 1 Mango | 4 EL Naturjoghurt | Paprikapulver | Pfeffer

Zubereitung

1. Die Mango schälen und in Streifen schneiden.
2. Den Feldsalat waschen und trocknen.
3. Den Schnittlauch in kleine Röllchen schneiden.
4. Den Joghurt mit Paprikapulver und Pfeffer abschmecken.
5. Den Toast im Toaster rösten, anschließend die Scheiben mit dem Joghurt bestreichen und mit Putenbrust, Feldsalat, Mango und Schnittlauch belegen.

Notizen:____________________

____

____

Chickensandwich

Dauer: 25 Minuten

Zutaten für 3 Sandwiche

6 Scheiben Sandwichtoast | 100 g Hähnchenbrustfilet | 50 g Salatmayonnaise | 3 Salatblätter | 2 Eier | 1 Tomate | 1/2 Paprika | 1/2 EL Öl | 1/2 TL Senf | Salz | Pfeffer

Zubereitung

1. Das Öl in einer Pfanne erhitzen und das Hähnchen darin goldbraun anbraten und mit Salz und Pfeffer würzen.
2. Die Eier in kochendes Wasser geben und für **8 Minuten** hart kochen lassen.
3. Die Eier pellen und in Scheiben schneiden.
4. Das Gemüse waschen und abtrocken.
5. Die Tomate in Scheiben schneiden, den Salat und die Paprika in Streifen schneiden.
6. Das Hähnchen in Streifen schneiden.
7. Die Mayonnaise mit dem Senf verrühren und mit Salz und Pfeffer würzen.
8. Die Sandwichscheiben mit der Creme bestreichen, anschließend Hähnchen, Ei, Tomate, Paprika und Salat darauf verteilen und mit einer Brotscheibe bedecken.

Notizen:____________________

Kasselersandwich

Dauer: 20 Minuten

Zutaten für 2 Sandwiche

4 Scheiben Roggenbrot | 20 g Margarine | 1/2 Gurke | 1 Tomate | 4 Kasselerscheiben | 4 Blätter Eisbergsalat

Zubereitung

1. Das Gemüse waschen und abtrocknen.
2. Die Tomate und Gurke in Scheiben schneiden.
3. Die Brotscheiben mit Margarine bestreichen, anschließend Salat, Kasseler, Tomate und Gurke darauf legen und mit einer weiteren Brotscheibe bedecken.

Notizen:____________________

Feta Sandwich

Dauer: 15 Minuten

Zutaten für 2 Sandwiche

4 Scheiben Sandwichbrot | 80 g Fetakäse | 25 g Naturjoghurt | 4 Salatblätter | 1 Msp. Honig | Salz | Pfeffer

Zubereitung

1. Den Fetakäse mit einer Gabel zerdrücken und mit Joghurt und Honig vermengen, anschließend mit Salz und Pfeffer abschmecken.
2. Den Salat waschen und abtrocknen.
3. Den Salat auf den Brotscheiben verteilen, anschließend die Fetamischung darauf geben.

Notizen:____________________

Schnittlauchrührei- Brötchen

Dauer: 20 Minuten

Zutaten für 1 Brötchen

1 Vollkornbrötchen | 4 Halme Schnittlauch | 1 Ei | 1/2 Tomate | 1 EL Milch | 2 TL Rapsöl | Salz | Pfeffer

Zubereitung

1. Den Schnittlauch waschen und in Röllchen schneiden.
2. Die Tomate waschen und in Scheiben schneiden.
3. Das Ei in einer Schüssel mit Milch, Schnittlauch und einer Prise Salz und Pfeffer verquirlen.
4. Etwas Öl in einer Pfanne erhitzen und das Ei unter Rühren stocken lassen.
5. Das Brötchen halbieren und das Rührei darauf geben, anschließend die Tomatenscheiben darauf legen.

Notizen:____________________

Bananentoast

Dauer: 10 Minuten

Zutaten für 1 Sandwich

2 Scheiben Sandwichtoast | 1 Banane | 20 g Butter | 1/2 TL Zucker

Zubereitung

1. Die Banane in dünne Scheiben schneiden.
2. Die Außenseiten der Sandwichscheiben mit Butter bestreichen.
3. Die Innenseite der Sandwichscheiben mit den Bananenscheiben belegen und mit Zucker bestreuen.
4. Die Sandwichscheiben aufeinander legen und in den Sanwichmaker legen.
5. Das Sandwich herausnehmen und genießen.

Notizen:____________________

Wrap Hawai

Dauer: 15 Minuten

Zutaten für 1 Wrap

1 Wrap | 2 Scheiben Kochschinken | 2 Blätter Eisbergsalat | 30 g Frischkäse | 2 EL Ananas (Dose)

Zubereitung

1. Den Salat waschen, trocknen und in Streifen schneiden.
2. Den Wrap mit Frischkäse bestreichen und anschließend mit Kochschinken, Ananas und Salat belegen.
3. Den Wrap fest zusammenrollen.

Notizen:____________________

Für den großen Hunger

Herbstsalat

Dauer: 30 Minuten

Zutaten 2 – 3 Portionen

Zutaten für den Salat: 100 g Quinoa | 1 Süßkartoffel | 1/2 Kopf Blumenkohl | 1/2 Apfel | 1 HV Rosinen | 1 EL Olivenöl

Zutaten für das Dressing: 30 ml Olivenöl | 1/2 Zitrone | 1 Knoblauchzehe | 3 EL Petersilie | 1/2 TL Agavendicksaft | Salz | Pfeffer

Zubereitung

1. Den Blumenkohl in kleine Röschen zerteilen.
2. Die Süßkartoffel schälen und in Würfel schneiden.
3. Den Blumenkohl und die Süßkartoffel auf ein mit Backpapier ausgelegtes Backblech legen und etwas Olivenöl darüber träufeln, anschließend bei 200 Grad für **25 Minuten** in den Backofen geben.
4. Die Quinoa waschen und in einen Topf mit Wasser geben und **für 20 Minuten** köcheln lassen.
5. Den Apfel waschen, entkernen und in kleine Würfel schneiden.
6. Für das Dressing den Saft aus der Zitrone pressen und alle Zutaten miteinander vermengen, anschließend den Apfel dazugeben.
7. Alle Zutaten in eine Schüssel geben und das Dressing gut unterrühren, anschließend mit den Rosinen garnieren.

Kichererbsensalat

Dauer: 20 Minuten

Zutaten für 2 – 3 Portionen

Zutaten für den Salat: 1 Dose Kichererbsen | 5 kleine Tomaten | 2 Stangen Sellerie | 2 Stangen Lauchzwiebeln | 1/2 Bund Petersilie | 1/2 Avocado

Zutaten für das Dressing: 1/2 Zitrone | 2 EL Rapsöl | Kreuzkümmel | Salz | Pfeffer

Zubereitung

1. Die Kichererbsen in einem Sieb abtropfen lassen und in eine Schüssel geben.
2. Die Tomaten, Sellerie, Lauchzwiebeln und Petersilie waschen, abtrocknen und in kleine Stücke schneiden, anschließend alles zu den Kichererbsen geben.
3. Die Zitrone waschen und etwa ½ TL von der Schale abreiben, anschließend den Saft aus der Zitrone pressen.
4. Aus Zitronensaft, Zitronenabrieb, Rapsöl, Kreuzkümmel, Salz und Pfeffer nach Geschmack ein Dressing anrühren und mit in die Schüssel geben und alles gut miteinander verrühren.
5. Die Avocado halbieren, entsteinen und in kleine Stücke schneiden und unter den Salat heben.

Notizen:____________________

Sommersalat

Dauer: 20 Minuten

Zutaten für 2 -3 Portionen

Zutaten für den Salat 100 g Rucola | 100 g Feldsalat | 100 g Erdbeeren | 70 g Walnüsse | 1/2 Avocado | 1/4 Gurke

Zutaten für das Dressing: 2 Pfirsiche | 2 EL Wasser | 2 EL Orangensaft | 1 EL Olivenöl | 1 TL Zitronensaft | 1 TL Agavendicksaft | 1/2 TL Senf | Salz | Pfeffer

Zubereitung

1. Den Salat und die Gurke waschen, trocknen und etwas klein schneiden.
2. Die Erdbeeren waschen, den Strunk entfernen und etwas klein schneiden.
3. Den Stein aus der Avocado entfernen und das Fruchtfleisch von der Schale lösen, anschließend etwas klein schneiden.
4. Die Walnüsse grob hacken und alle Zutaten in eine Schüssel geben.
5. Für das Dressing die Pfirsiche halbieren und entkernen.
6. Alle Zutaten für das Dressing in eine hohe Schüssel geben und pürieren, anschließend über den Salat geben.

Notizen:____________________

Linsensalat

Dauer: 20 Minuten

Zutaten für 2 -3 Portionen

Zutaten für den Salat: 100 g Linsen rot/gelb | 400 ml Gemüsebrühe | 2 Tomaten | 1 Zwiebel | 1 Knoblauchzehe

Zutaten für das Dressing: 3 EL Olivenöl | 2 EL Zitronensaft | Salz | Pfeffer

Zubereitung

1. Die Linsen und die Gemüsebrühe in einen Topf geben und für **10 Minuten** kochen lassen.
2. Die Zwiebel und den Knoblauch schälen und klein schneiden.
3. Die Tomaten waschen und in Würfel schneiden.
4. Für das Dressing alle Zutaten in einer Schüssel verrühren und über den Salat geben.

Notizen:____________________

Kartoffelsalat

Dauer: 30 Minuten

Zutaten für 2 Portionen

250 g Kartoffeln | 1/2 Bund Lauchzwiebel | 2 EL Öl | 2 EL Essig | Salz | Pfeffer

Zubereitung

1. Die Kartoffel schälen, in Scheiben schneiden und in einem Topf mit Wasser kochen lassen, bis sie gar sind.
2. Die Lauchzwiebeln waschen, trocknen und in Ringe schneiden und in einer Pfanne mit etwas Öl andünsten, anschließend den Essig dazugeben.
3. Die Kartoffeln und die Lauchzwiebeln miteinander verrühren und mit Salz und Pfeffer würzen.

Notizen:____________________

Herzhafte Lunchbox

Dauer: 40 Minuten

Zutaten für 2 – 3 Portionen

100 g Blattspinat | 50 g Feta | 50 g Quinoa | 120 ml Wasser | 5 Kirschtomaten | 1 Ei | 1 Hähnchenbrustfilet | 1/2 Avocado | 1 HV Blattsalat | 8 EL Semmelbrösel | 3 EL Pflanzenöl | 1 EL Olivenöl | 1 TL Sesam | 1 TL Kürbiskerne | 1 TL Zitronensaft | Paprika edelsüße | Pfeffer

Zubereitung

1. Die Quinoa abspülen und im Wasser aufkochen lassen und für **10 Minuten** köcheln lassen.
2. Den Blattspinat für **5 Minuten** in einem Topf erhitzen, anschließend grob hacken.
3. Den Feta klein hacken.
4. Die abgekühlte Quinoa mit Spinat, Feta, Ei und der Hälfte der Semmelbrösel in eine Schüssel geben und mit Pfeffer würzen. Alles miteinander vermengen, bis eine kompakte Masse entsteht.
5. Die Quinoamasse zu Talern formen und in den restlichen Semmelbröseln wenden.
6. Die Hälfte des Pflanzenöls in einer Pfanne erhitzen und die Taler **4 Minuten** goldbraun anbraten.
7. Die andere Hälfte des Pflanzenöls in einer Pfanne erhitzen und das Hähnchen darin anbraten, anschließend mit Salz, Pfeffer und Paprika edelsüß würzen.
8. Den Salat und die Tomaten waschen und etwas klein schneiden.
9. Den Stein aus der Avocado entfernen und das Fruchtfleisch von der Schale lösen, anschließend in Scheiben schneiden.
10. Aus Olivenöl und Zitronensaft ein Dressing anrühren und über Salat, Tomate und Avocado geben.
11. Das Hähnchen in Streifen schneiden.
12. Den Salat zusammen mit den Bratlingen und Hähnchen in eine Lunchbox geben und mit Sesam und Kürbiskernen bestreuen.

Notizen:____________________

Waffel-Lunchbox

Dauer: 60 Minuten | Ruhezeit: 60 Minuten

Zutaten

Zutaten für die Waffeln: 175 g Mehl | 75 g Butter | 75 ml Milch | 40 g Gouda | 20 g frische Hefe | 1 Ei | 1/4 Bund Petersilie | Zucker (ggf. Zuckerersatz/Siehe S. 33) | Salz

Zutaten für Snacks: 1 Möhre | 1 HV Kirschtomaten | 1 HV Weintrauben | 1 HV Mandeln | 1 EL Ahornsirup

Zubereitung

1. Die Milch leicht erwärmen und die Hefe mit einer Prise Zucker in der Milch auflösen lassen und beiseite stellen.
2. Die Butter schmelzen lassen.
3. Den Gouda reiben und die Petersilie fein hacken.
4. Aus Mehl, Gouda, Petersilie, Hefemilch, Butter und Ei einen Teig kneten.
5. Den fertigen Teig für **40 Minuten** an einem warmen Ort ruhen lassen.
6. Das Waffeleisen vorheizen und etwas einfetten, anschließend den Teig portionsweise hineingeben und goldbraun backen lassen.
7. Für die Snacks die Möhre schälen und in Stifte schneiden.
8. Die Kirschtomaten und die Weintrauben waschen.
9. Die Mandeln in einer Pfanne anrösten und mit dem Ahornsirup vermengen.
10. Alles in eine Lunchbox geben und genießen.

Fruchtbox

Dauer: 10 Minuten

Zutaten

4 getrocknete Aprikosen | 4 getrocknete Datteln | 1 Pfirsich | 1 Apfel | 1 HV Himbeeren | 1 HV Brombeeren | 1 Zweig Minze

Zubereitung

1. Die getrockneten Früchte klein schneiden.
2. Alle frischen Früchte waschen.
3. Die Pfirsich und den Apfel halbieren, entsteinen und klein schneiden.
4. Die Minzblätter vom Zweig entfernen und grob hacken.
5. Alle Früchte miteinander vermengen und in eine luftdichte Lunchbox geben.

Notizen:

Allrounder Lunchbox

Dauer: 70 Minuten

Zutaten

Zutaten für das Brot: 4 Scheiben Vollkornbrot | 2 Scheiben Putenaufschnitt | 2 Blätter Eisbergsalat | 2 EL Frischkäse | 1 EL Kresse

Zutaten für Obstspieße: 6 Erdbeeren | 1 Birne | 1 HV Blaubeeren

Zutaten für Snacks: 1 Apfel | 1 Möhre | 1 HV Kirschtomaten

Zubereitung

1. Den Backofen auf 140 Grad vorheizen.
2. Den Apfel waschen, das Kerngehäuse entfernen und in Scheiben schneiden, anschließend die Apfelscheiben auf ein mit Backpapier ausgelegtes Backblech legen.
3. Im Backofen für **60 Minuten** backen und auskühlen lassen.
4. Die Möhre schälen und in Stifte schneiden.
5. Die Brotscheiben mit Frischkäse bestreichen und jeweils mit Salat, Putenaufschnitt und Kresse belegen.
6. Das Obst und Gemüse waschen.
7. Für die Fruchtspieße die Birne klein schneiden und das Kerngehäuse entfernen, den Stunk der Erdbeeren entfernen und diese dann halbieren.
8. Abwechselnd Birne, Erdbeere und Blaubeeren auf Holzspieße ziehen.
9. Die Brote gemeinsam mit dem Gemüse und den Apfelchips in eine Lunchbox legen, den Fruchtspieß am besten separat verpacken.

Rohkost Lunchbox mit Joghurtdip

Dauer: 15 Minuten

Zutaten

2 Möhren | 1 Paprika | 1/2 Gurke | 1/2 Kohlrabi | 75 g Joghurt | 75 g Frischkäse | 1 EL Petersilie | 1/2 EL weißer Balsamico | Kümmel | Salz | Pfeffer

Zubereitung

1. Das Gemüse waschen bzw. schälen und in Stifte schneiden.
2. Für den Dip den Joghurt mit Frischkäse, Petersilie und Balsamico vermengen, anschließend mit Kümmel, Salz und Pfeffer abschmecken.

Notizen:____________________

Danke

Vielen Dank, dass Sie dieses Buch gekauft haben! Ich hoffe, dass Sie alle notwendigen Informationen finden konnten und sich in den ersten Lebensjahren in allen Ernährungsfragen Ihres Kindes gut beraten fühlen. Sicher werden Sie mit einigen großen Herausforderungen konfrontiert werden, doch mit den Ratschlägen aus diesem Buch sollten Sie für so gut wie jedes Problem eine passende Lösung finden.

Ernährung ist ein Thema, dass viele von uns in ihrem Erwachsenenalter sehr stark beschäftigt. Meist jedoch dann, wenn es bereits zu spät ist, wenn wir mit unserem Körper oder unserer Gesundheit nicht zufrieden sind und uns auf die Suche nach den Ursachen machen. Erst dann wird uns bewusst, welch großen Einfluss die Ernährung auf unseren psychischen und körperlichen Gesundheitszustand hat. Dabei fällt uns jedoch auch auf, wie viele Gewohnheiten wir bereits seit dem Kindesalter mit uns herumschleppen, die sich als ungesund herausstellen. Umso wichtiger ist es, dass Sie die Ernährung Ihrer Kleinen beobachten und leiten, damit Sie Ihren Kindern einen optimalen Start in ihr Leben gewähren.

Ärzte nehmen sich nicht immer die Zeit, uns über alle Einzelheiten aufzuklären. Sie kennen die Kinder oft nicht gut genug, um ungesunde Gewohnheiten aufzudecken. Mit der Familie und Freunden verhält es sich ähnlich. Sie werden zwar merken, sobald Sie schwanger sind und spätestens dann, wenn das kleine Baby auf der Welt ist, haben alle etwas mitzureden. Die Schwiegermutter ist sich sehr sicher, wie sie die Dinge damals mit ihren Kindern gemacht hat und auch andere Familienmitglieder oder Bekannte wollen Ihnen vermitteln, wie Sie das Leben Ihres Kindes zu gestalten haben. Wichtig ist, dass Sie zwar die Ohren offen halten und gut gemeinte Ratschläge selbstverständlich immer willkommen sind, Sie jedoch keinen dieser Tipps zu befolgen haben. Die Entscheidung, wie Sie vorgehen, was Sie für richtig halten und welches System zu Ihnen und Ihrer kleinen Familie passt, liegt allein bei Ihnen. Lassen Sie sich nicht verunsichern von den Bauernweisheiten und dem Aberglauben, informieren Sie sich über verschiedene Ansätze und entscheiden Sie anschließend sowohl mit Ihrem Herzen, als auch mit Ihrem Verstand, welcher Weg für Sie und Ihre Familie der richtige ist. Lassen Sie sich auch nicht aus der Ruhe bringen, wenn Sie als Antwort auf Ihre Vorgehensweise Kopfschütteln und Haare raufen ernten. Wenn Sie hinter Ihren Entscheidungen stehen, dann sollten Sie sich auch von nahen Verwandten oder Freunden nicht verunsichern lassen.

Ich wünsche Ihnen, Ihrer Familie und besonders natürlich Ihren Kindern eine glückliche und gesunde Zukunft!

Haftungsausschluss

Der Inhalt dieses Buches wurde mit großer Sorgfalt geprüft und erstellt. Für die Vollständigkeit, Richtigkeit und Aktualität der Inhalte kann jedoch keine Garantie oder Gewähr übernommen werden. Der Inhalt dieses Buches repräsentieren die persönliche Erfahrung und Meinung des Autors und dient nur dem Unterhaltungszweck. Der Inhalt sollte nicht mit medizinischer Hilfe verwechselt werden. Es wird keine juristische Verantwortung oder Haftung für Schäden übernommen, die durch kontraproduktive Ausübung oder durch Fehler des Lesers entstehen. Es kann auch keine Garantie für Erfolg übernommen werden. Der Autor übernimmt daher keine Verantwortung für das Nicht-Erreichen der im Buch beschriebenen Ziele.

Kontakt: Michel Schubert / Danzigerstr. 12 / 33142 Büren
Covergestaltung: Pseudonym
Coverfoto: depositphotos.com /publicdomainvectors.org/pixabay/thenounproject.com

Quellen

https://pixabay.com/de/baby-füße-herz-liebe-mutter-1527456/

https://pixabay.com/de/hände-halten-schuhe-wenig-baby-918990/

https://pixabay.com/de/baby-mutter-kleinkind-kinder-821625/

https://pixabay.com/de/apfelsine-orange-zitrusfrucht-obst-1995079/

https://pixabay.com/de/fragezeichen-warum-problem-lösung-2123967/

https://pixabay.com/de/wichtig-buntstift-stift-rot-2794684/

https://pixabay.com/de/früchte-orange-grapefruit-zitrone-3137143/

https://pixabay.com/de/frühstück-gesund-hummus-aufstrich-1804457/

https://pixabay.com/de/gemüse-cartoon-wurzelgemüse-laufen-29063/

https://pixabay.com/de/schild-verkehr-stop-straßenschild-1372620/7

https://pixabay.com/de/kürbissuppe-suppe-kürbiscremesuppe-2972858/

https://pixabay.com/photos/question-mark-hand-drawn-solution-2123969/

https://pixabay.com/illustrations/kids-school-education-school-kids-3420036/

https://pixabay.com/de/photos/kind-baby-liebe-neugeborenes-baby-428377/

https://pixabay.com/de/photos/mütter-kinder-mumie-schön-familie-3389671/

Printed in Germany
by Amazon Distribution
GmbH, Leipzig

18882542R00091